MÉMOIRES

HISTORIQUES, GÉNÉALOGIQUES ET CHRONOLOGIQUES

CONCERNANT LES ASCENDANCES

DE

JOSÉ, CONSTANTIN, MARQUÈS; MOUTINHO, BORGUES, DE ARAUJO, COUTINHO,
BANHA, SEQUEIRA, MAGALHAENS, TEIXEIRA, BACELAR ET LACERDA, LOPEZ, MESQUITA, PINTO,
COELHO PEREYRA, LEYTE DE

SAMPAYO ET MELLO

PARIS

CHEZ L'AUTEUR, RUE D'ANTIN, 7

1854

PARIS. — IMPRIMERIE CENTRALE DE NAPOLÉON CHAIX ET Cⁱᵉ

RUE BERGÈRE, Nᵒ 20

A Monsieur

Constantin - Joseph - Marques

DE SAMPAYO ET MELLO

Le hasard d'abord, puis l'intimité, m'ont mis à même, depuis trois ans, de connaître peu à peu l'histoire de votre vie; de savoir par quelle persévérance, quels travaux, vous êtes parvenu, n'ayant d'abord d'autre soutien qu'une volonté ferme et l'espérance, à vous créer la position que vous occupez en ce moment.

Grand artiste, homme de cœur, âme droite et compatissante, vous vous êtes acquis les sympathies de tous ceux qui ont eu le bonheur de vous connaître et d'apprécier ce qu'il y a en vous de vraiment noble et généreux.

Enfant abandonné, vos premières années ont été dures et pénibles.

Jeune homme, soldat brave et fidèle, vous avez suivi votre

roi dans l'exil, lorsque le sort des armes lui a fait la part du plus faible.

Homme, par votre riche nature, votre désir de vous faire un nom, et de vous rendre grand parmi les grands de l'intelligence, vous avez marqué votre place parmi ceux dont l'Europe s'honore.

Votre vie a été de celles si remplies, que chacun de vos instants est un souvenir pour vous, et l'étonnement de ceux qui les connaissent.

Dieu éprouve ici-bas ses créatures les plus aimées.

Il a fait votre jeunesse périlleuse et amère.

Mais aussi, sans nom, sans appui, il a permis que vous commandiez à tous l'estime et l'admiration, que quelquefois ceux qui sont riches et grands par leurs ancêtres ne recherchent pas assez.

Enfin, consolation dernière, bonheur inespéré! au moment de laisser la carrière des arts, et à d'autres, vos disciples, la place que vous occupez, il a voulu que vous retrouviez une famille fière de vous, puissante, et dont la gloire est aussi ancienne que les siècles.

Il a voulu que le reste de votre vie se passe appuyé sur les joies les plus réelles, le bonheur de la famille.

Vous voyez que les grandes âmes et les nobles pratiques sont récompensées.

Vous avez vécu, réalisant ces trois mots : *foi, espérance* et *charité*.

L'estime, la gloire, la richesse, un grand nom, grand depuis des siècles, et que vous avez grandi encore, sont à vous.

J'ai voulu, dans cet ouvrage, retracer qui vous étiez, qui vous avez été, et qui vous êtes maintenant.

Chacun y puisera un enseignement.

Je serai heureux, si mon travail peut ajouter quelque chose à tout ce que vous méritez.

Lisez-le, souvenez-vous du vieil adage :

Noblesse oblige !

Alors, relisant l'historique de votre vie, vous serez satisfait ; car tous vos jours ont été employés à l'accomplissement de ces deux mots, qui furent votre seul patrimoine.

X. X. X.

Paris, le 1ᵉʳ juillet 1854.

SCIENCE HÉRALDIQUE

BLASON — ARMOIRIES — NOBLESSE PORTUGAISE

SCIENCE DU BLASON

ÉCUS ET ARMOIRIES

Il y a trois espèces d'écus :

L'écu commun,

L'écu ovale,

L'écu en losange.

Les princes, les gens titrés, se servent du commun.

Les ecclésiastiques se servent de l'ovale.

Les princes, avant qu'ils soient titulaires, se servent du casque.

Quand il est ouvert, c'est un signe de noblesse ancienne.

C'est le contraire, quand il est fermé.

Les infants du Portugal se servent, avant leur mariage, de l'écu en losange.

Les autres personnes se servent de la couronne.

Pour la composition des écus, dans l'usage des armoiries, on se sert seulement de deux métaux : l'*or* et l'*argent*, et de quatre couleurs correspondant aux éléments desquels le monde est formé :

La couleur *rouge*, qui se nomme de *gueules*, et correspond au feu.

La couleur *bleue*, qui se nomme *azur*, et correspond à l'air.

La couleur *verte*, qu'on nomme de *sable*, et qui correspond à l'eau : en français, on la nomme couleur noire.

La couleur *noire*, qui se nomme *sinople*, et qui correspond à la terre.

Des métaux, l'or correspond à noblesse, foi, prudence, fidélité, constance, pouvoir et libéralité.

L'argent signifie victoire, éloquence, pureté, humilité et richesse.

Les couleurs ont aussi diverses significations :

Le rouge veut dire les victoires, le courage et les guerres.

Le bleu, la piété, la charité et la magnanimité.

Le vert, l'espérance et la foi.

Le noir, la fermeté, l'obéissance, l'humilité et la résignation.

Toutes les autres couleurs, qui ne sont pas considérées comme naturelles, telles que le gris, le jaune et autres composées, ne doivent pas être employées dans les armoiries, sous peine d'être réputées pour fausses.

Tous les écus doivent être composés de ces quatre couleurs et de ces deux métaux, ou de partie des unes et de partie des autres.

On ne peut pas mettre métal sur métal, ou couleur sur couleur ; le métal doit être sur la couleur, ou la couleur sur le métal.

Comme, par exemple, *les armes du royaume de Léon :*

Écu d'argent sur lion de pourpre.

Celles d'Aragon et de Catalogne : écu d'or, avec quatre barres pourpre.

Il n'y a dans le monde qu'un seul écu qui fasse exception à cette règle fondamentale : celui de la ville et du royaume de Jérusalem, qui est une croix d'or, sur champ d'argent, et dont le roi de Naples use.

Ceux des princes qui ont été dans la terre sainte, à la conquête du tombeau du Sauveur, jouissent aussi de cette exception.

Les insignes se divisent de quatre manières :

1re. Un corps d'animal vivant et agissant : *aigle, lion.*

2e. Un corps vivant, mais non agissant : *lis de France.*

3e. Un corps existant, mais ni vivant ni agissant : la *croix des Pereyra,* le *château des Faria.*

4e. Parties de corps vivant et agissant, ou vivant et non agissant : comme *têtes de serpents.*

Les corps humains sont défendus par les règles des armoiries dans les écus ; à cause de cela, les Faria ont retiré le corps mort de Nuno Gonzalves de Faria, leur aïeul, qui était au pied du château de leurs armes.

Les Villas-Boas ont abandonné l'écu de leur aïeul, qui était sur champ de gueules, une tour d'argent au milieu de deux hommes, la hallebarde à la main. Ils se servent maintenant de tours et de dragons, que prit don Diego Fernandez de Villas-Boas.

De ces quatre manières nous déduirons trois modes d'armoiries :

1re. *Pour les dignités :* Les aigles des empereurs, les clefs des pontifes.

2e. *Pour les lignées,* c'est-à-dire les armes des familles.

3e. *Pour les royaumes et les villes.*

Les armoiries doivent être composées sous les formes les plus belles.

Les animaux qui y concourent, s'ils sont vifs, doivent avoir leur posture la plus légère ; s'ils sont féroces, leur air le plus brave et le plus terrible ; s'ils sont domestiques, leur pose doit être douce.

Les animaux et les insignes se prennent par allusion au nom. Sardiphas, sardines ; Pinheyros, les arbres ; Oliveiras, les oliviers ; d'autres fois, par allusion à la valeur que déployèrent dans les guerres ceux qui les possédaient.

Les lions, les dragons, les serpents, les tours, les châteaux, signifient des conquêtes ou défenses valeureuses.

Les croix : les batailles gagnées le jour de la Saint-André.

Les coquilles : les victoires gagnées le jour de la Saint-Jean ou sous l'invocation de ce saint, comme la bataille de Clovijo.

Les étoiles : la vérité, la lumière, la clarté.

Les lunes : les batailles gagnées sur les Maures.

Les bandes, raies ou barres : les victoires.

Les épées, boucliers et autres instruments : les actions de guerre.

Les poissons, vaisseaux, filets : les actions de mer ou de rivière.

L'usage des armes dans lesquelles sont employés les aigles, les corbeaux et autres oiseaux est de tradition romaine.

Les lions, léopards et autres animaux sont de tradition saxonne et pannonienne.

Cassinius dit que les armes formées avec les animaux terrestres sont les meilleures.

Un chef de famille est forcé d'avoir ses armes exactes.

Le chef de plusieurs familles doit avoir ses armes exactement formées de celles des lignées dont il est le chef.

Les frères et autres membres de la famille peuvent additionner leurs armes d'autres, ou de quartiers d'écus.

S'ils veulent seulement conserver les armes de leurs mères, ils peuvent le faire.

Les bâtards peuvent se servir des armes de leur père, en les additionnant d'une barre de bâtardise.

Le roi d'armes sanctionne les différences qu'emploient les cadets de famille.

La coutume, pour varier ou distinguer, est de mettre dans le coin de l'écu une fleur, une étoile, un oiseau ou autre chose semblable.

L'endroit où est placée cette petite marque se nomme *brica*.

La ligne de bâtardise traverse l'écu en bande, comme on voit dans les armes de la maison d'Aveiro, qui observe cet usage comme descendant de Jorge, fils bâtard du roi Jean II.

Le mot : chef de lignée, c'est-à-dire chef de famille, nous vient du mot français, corrompu du grec, *céphale,* ainsi que le dit *Nuñez de Léon,* dans l'Origine de la langue portugaise, chapitre ix. Les Latins l'appelaient *genearcha,* comme on voit dans les Paralipomènes, lib. 1, chap. vii.

Les Romains avaient toujours coutume de faire suivre leurs actes de bravoure de quelque inscription, ou sujet, sur leurs portes.

Sous le règne du roi Alphonse II de Castille et de Léon, cet usage était en grande faveur.

De cet usage est venu celui des sommets d'écu : du reste, le sommet d'écu est d'un plus noble usage que la couronne.

Il n'est permis qu'aux familles issues des rois ou des princes.

Cassinius dit que, pour en faire usage, il faut être plus que noble.

LÉGENDES SUR LES MERLO

PREMIÈRE LÉGENDE

Au viiiᵉ siècle, une famille italienne, des environs de Pise, florissait
en la personne du puissant seigneur Carolo de Merlo, preux chevalier,
aussi renommé par sa vaillance que par sa grandeur et sa magnanimité.

Allié aux plus puissantes familles des pays italiens, il avait forte
garnison dans son castel de Merlo, situé à quelques lieues de Pise. Là,
en compagnie de sa noble et chaste épouse, Blanche Bérengère, fille
de Ricard, troisième duc, il coulait ses jours partagés entre les chasses,
plaisir du temps, les tournois et les guerres continuelles, qu'en ces
époques de troubles les seigneurs suzerains se faisaient entre eux.

Les bardes, armés de leurs cithares d'or, racontaient aux archers,
en leurs chants mélodieux, le soir, sous les voûtes vénérables du vieux
castel, des choses merveilleuses sur l'origine du seigneur.

Les ballades racontaient, que Carolo de Merlo était issu des nobles
empereurs qui avaient eu en leur possession le puissant empire
byzantin ; que Michaël, le dernier empereur, chassé de ses États par
les Suèves barbares, avait laissé en mourant une fille, Nicéphore, qui,
mariée à un prince puissant, avait été abandonnée seule avec son fils,
qui, devenu grand, n'ayant d'autre ressource que son courage et son
épée, était venu en Italie. Là, à la tête de quelques soldats aventu

riers, il avait conquis du pays et avait pris le nom de Merlo, d'un château dont il s'était emparé.

Les ballades racontaient aussi les mystérieuses visites de l'archange qui, sous les traits d'une vierge, venait chaque soir, à l'heure de minuit, près des remparts, conférer avec le seigneur.

Sa puissante protection devait plus tard rendre à la famille dont elle était le divin génie toute sa gloire et sa splendeur.

La vierge avait prédit que l'Italie ne serait pas le théâtre de ce changement de fortune.

De grands revers devaient assaillir la famille, massacrée par un ennemi vainqueur ; un seul rejeton devait survivre, qui passerait en France, où il serait comblé d'honneurs et de joie.

Là s'arrêtaient les bardes ; — puis c'étaient des louanges pour la belle épousée ;... — puis les hauts faits d'armes du seigneur suzerain.

Ainsi se passaient les jours.

La nuit, on n'entendait plus que le pas lourd et régulier de la vigilante sentinelle ; — le bruit des piques retentissait sur la dalle sonore jusqu'au matin, que le hennissement des chevaux, les aboiements des chiens, le son de la trompe, le bruit des armes, ou la voix éclatante des chevaliers annonçaient soit une chasse joyeuse, ou le glorieux apprêt des combats.

Un fils, Roderic, vint mettre le comble à tant de félicité.

Quinze ans se passèrent au milieu des fêtes et des guerres. Le seigneur de Merlo s'appliquait à élever son fils dans la sainte croyance, dans l'amour des devoirs de l'honneur, dans le maniement des armes et dans la justice.

Digne héritier des vertus fraternelles, Roderic était déjà à quinze ans un modèle de vaillance, de sagesse et de bonté.

Son adresse, sa force incroyable le rendaient déjà redoutable à la guerre ; tout faisait présager un héros digne du sang qui coulait dans ses veines, lorsque Carolo de Merlo léva des compagnies franches qui, aidées de ses archers, de ses écuyers et de ses chevaliers, devaient faire une guerre à outrance contre l'invasion des Germains qui commençaient à refluer vers la basse Italie.

Ce ne furent pendant deux ans que guerres d'extermination, combats meurtriers, incendies, désolation ; cent fois le seigneur repoussa le barbare ; — cent fois il le vainquit.

Mais les hommes s'épuisaient. Blessé grièvement, il ne pouvait plus commander ses troupes. Le pays, consterné et ruiné, refusait son concours, préférant le barbare, l'esclavage et la paix à la liberté accompagnée d'une guerre aussi acharnée.

Mais le noble sang des empereurs demandait une vengeance. Aussi Carolo résolut de s'ensevelir sous les ruines de son château plutôt que de se rendre à ses ennemis.

Un matin, il réunit six de ses chevaliers les plus braves. Parmi eux était son fils. Il fit venir sa femme Blanche et la leur présenta en disant : « La guerre que nous soutenons va bientôt être terminée ; abattus, mais non vaincus par des forces sans cesse renaissantes, nous ne pouvons résister.

» Mon devoir est de mourir, puisque je ne puis vaincre ; mais dans ma glorieuse résolution je ne puis entraîner avec moi celle qui m'a entouré de son amour, et que j'aime avec tant d'ardeur.

» A vous donc, chevaliers intrépides, compagnons de tous mes combats, vous qui êtes tous mes frères d'armes, je confie ce précieux dépôt pour que, traversant l'Italie, vous passiez en France ; là où la valeur des peuples et l'amour du pays ont chassé le barbare.

» Et vous, mon fils, que je voudrais voir combattant près de moi, il ne faut pas que cette maison, si illustre depuis tant de siècles, s'éteigne.

» Je vous ordonne de suivre votre mère, de la protéger et de l'aimer comme un bon fils.

» Soyez toujours digne du nom que vous portez ; le moment est venu de vous dire que le sang des empereurs coule dans vos veines, et qu'il vaut mieux mourir que de ne pas continuer à le glorifier.

» Je vous en donne l'exemple.

» Je ne vous laisse qu'un nom pur et le plus noble après celui de Dieu. Allez en France, l'empereur Charlemagne est un noble chevalier.

» Marié à Irmengarde, fille de Désiré, roi des Lombards, il est votre parent.

» Il vous recevra ; servez-le avec zèle et dévouement ; que les bénédictions de votre père vous accompagnent. »

Puis, Carolo de Merlo s'adressant à ses soldats, leur fit jurer de s'ensevelir sous les ruines de la forteresse.

Blanche et Roderic partirent le même jour, se dirigeant vers la France.

Quelques jours après, la plaine regorgeait de soldats et une pluie de flèches obscurcissait les airs.

Le château de Merlo, couronné de défenseurs, se défendait avec désespoir. Quinze jours, le siége dura; mais à l'intérieur de la forteresse, les vivres étaient épuisés et l'horrible famine se faisait sentir.

Une sortie fut résolue.

A la tête des soldats qui lui restaient, harassés de fatigue, exténués par la faim, couverts de blessures, hâve, meurtri, le preux chevalier fit ouvrir les portes du castel. Les clairons sonnèrent et il s'élança sur l'ennemi. Autour de lui la petite troupe tombait. Chacun de ses soldats combattait dix ennemis à la fois. Lui, entouré et pressé, contenait de sa vaillante épée tout l'effort de ses adversaires.

On eût dit que cet homme, dans le cœur duquel Dieu semblait avoir mis son souffle divin, ne devait pas mourir.

La plaine était jonchée de cadavres que sa puissante épée y avait semés.

Tout à coup ses yeux jetèrent un éclat de feu, il voulut encore faire tournoyer sa redoutable épée; son bras retomba, son cheval en même temps s'affaissait.

Ne pouvant le vaincre avec courage, ses sauvages adversaires avaient employé la ruse.

Se glissant sous le ventre du cheval, ils lui avaient coupé les jarrets. Le cheval tomba.

Un d'eux, profitant de cet instant, plongea dans la gorge de son noble adversaire une pique, dont le fer entra tout entier.

Carolo tomba, et tout fut dit.

C'est ainsi que mourut le glorieux chevalier!

DEUXIÈME LÉGENDE

Par une belle matinée de printemps, une petite troupe composée de six chevaliers, suivis de leurs écuyers et de quelques pages, chevauchait dans les plaines de la Touraine, dirigeant sa route vers le centre de la France.

Une dame vêtue avec magnificence et montant un superbe cheval roman était au milieu d'eux l'objet de leurs déférences, respectueuses et distinguées.

Son costume, composé d'une robe de damas noir, était serré à la taille par une cordelière d'or artistement tressée. Sa tête, ornée d'une calotte de velours, était rehaussée d'une plume de héron, fixée par une grosse émeraude.

Ses mains, fines et blanches, tenaient les rênes du cheval, qu'elle maniait avec grâce et vigueur.

A leur langage, on savait que la petite troupe se composait d'Italiens lombards.

L'accent pur de la dame indiquait suffisamment qu'elle avait vu le jour près des campagnes fortunées de Pise, là où le langage italien est dans sa pureté, son élégance et sa richesse.

Et ils chevauchaient, devisant sur les événements, sur les choses présentes, sur l'avenir.

Écoutons-les parler :

« Noble dame, disait un chevalier à la pesante armure, au visage mâle que son casque levé laissait apercevoir, depuis vingt longs jours que nous avons quitté notre suzerain, le sire de Merlo, que s'est-il passé ?

» Vainqueur, a-t-il chassé les barbares de ses domaines ? Accablé sous le nombre, a-t-il succombé, et s'est-il enseveli sous les ruines du castel ?

» — L'inquiétude me tue, répondit la dame. Vingt jours sont écoulés et le messager qui devait nous apporter la nouvelle de la victoire n'est pas encore venu. Se sera-t-il trompé de route ? attaqué dans le chemin, a-t-il succombé ?

» Si je n'avais mon fils, dont l'amour est encore pour moi au-dessus de tout, je ne sais vraiment à quoi je me résoudrais. Mon Roderic ! lui, en qui je revois mon noble époux ! »

A cette exclamation, un des chevaliers, celui qui paraissait le plus jeune, leva la tête.

Ses traits, empreints d'une noble fierté, respiraient la vaillance et la force.

Longs yeux noirs, traits délicats, on l'eût pris pour une femme.

Une fine moustache noire, relevée avec grâce, rendait sa physionomie vaillante.

Sa pesante armure lui paraissait une tunique de soie, tant ses mouvements paraissaient faciles.

Son casque, surmonté d'un long panache noir, sa cuirasse, son armure noire, le faisaient ressembler au dieu des combats.

A ses côtés pendait une large et longue épée, dont la poignée formait une croix. Ses longs éperons d'or annonçaient que, quoique bien jeune, il était chevalier ; à l'arçon de sa selle pendait une hache d'armes, longue et effilée.

A son côté brillait une lame large et courte, dans un fourreau étincelant ; ce que l'on appelait, en terme de guerre, la dague de miséricorde.

Pressant son cheval de l'éperon, il se rapprocha de la dame et, se penchant vers elle :

« O ma noble mère, dit-il, quels tristes pensers occupent mon cœur !

» Je me reproche d'avoir obéi à mon héroïque père : je devais rester avec lui, combattre à ses côtés, contribuer à une victoire éclatante ou mourir avec lui.

» Et pourtant, mon devoir me commandait aussi de ne pas vous quitter, vous qui m'avez donné la vie, qui toujours m'avez entouré d'une si sainte affection !

» Mon père, fort et vaillant, combattant pour une cause sacrée, était moins nécessiteux que vous, si noble, mais faible femme.

» Je ne faillirai pas à la confiance que mon père m'a témoignée, je le remplacerai près de vous, et vous retrouverez en votre fils toute une famille perdue.

» Si le passé fut heureux, le présent est horrible. Confiance en l'avenir ! peut-être nous sera-t-il donné de revoir mon père.

» S'il en est autrement, et qu'il soit mort comme un loyal baron qu'il est, Dieu l'a voulu, sa volonté soit faite !

» Dans quelques jours nous serons près de notre parent le puissant empereur Charlemagne. Je réclamerai son secours; lui si noble, si généreux, ne me le refusera pas. Alors, sûr que rien ne vous manquera, qu'une puissante protection sera votre égide, si mon père vit encore : à la tête de vaillants soldats, je reprendrai le chemin de l'Italie, et j'irai ou venger mon père ou mourir avec lui. »

Puis il se tut; le jour commençait à tomber. A un mille environ l'on apercevait les faubourgs de Château-Chinon, où la petite troupe devait faire halte pour passer la nuit.

Une heure après elle était arrivée. . . . .

. . . .

Un mois après, tout était en rumeur dans la ville d'Aix-la-Chapelle, où l'empereur Charlemagne tenait son camp.

Une troupe d'étrangers, d'Italiens, était arrivée, et avec eux la noble Blanche Bérengère, parente d'Irmengarde, femme de l'empereur.

Elle devait présenter, ce matin-là, son fils, Roderic de Mello, au puissant monarque.

Dans une salle haute et majestueuse s'élevait un trône d'or rehaussé de six marches.

Sous un dais de la soie la plus pure, du travail le plus riche, présent d'Abdérame Ier, sultan des Arabes, s'asseyait Charlemagne.

La veille, les envoyés du sultan avaient été reçus par l'empereur.

Ils étaient porteurs de la première horloge que l'on ait vue en France.

C'était une grande boîte d'argent marquant sur un cadran les heures, que faisait marcher un sablier contenant l'espace d'une heure, et qui se renouvelait au moyen d'un mécanisme fort ingénieux.

La salle se remplit bientôt de chevaliers, de barons, de nobles et de dames.

Les soldats, couverts de leurs cottes de maille, faisaient garde vigilante à la porte de la salle qui donnait sur la campagne, et à l'aide de leurs longues piques ils empêchaient le peuple de faire irruption dans la salle des cérémonies.

Au milieu des seigneurs français on remarquait un groupe d'étrangers armés comme les Italiens, et qui étaient l'objet des attentions, des compliments de tous.

Quelques instants après, l'empereur arriva suivi d'Irmengarde sa femme, conduisant une étrangère.

Quelques pages le précédaient; son grand justicier et les principaux chefs suivaient. Le silence se rétablit, et il monta sur son trône.

« Noble fils, dit-il en s'adressant à Roderic de Mello, que le grand justicier avait fait approcher du trône, j'ai appris par ta gracieuse mère les exploits de ton vaillant père.

» Mon allié par le sang, il est mon égal par le cœur et la vaillance, et le ciel connaît mes regrets de ne pouvoir le compter parmi mes chevaliers et princes les plus aimés.

» Les sentiments d'admiration qu'il m'a inspirés, je les reporte sur toi.

» Ma grâce toute-puissante te confère à l'instant la dignité de baron français et de chef dans mes troupes. Ces éperons, que tu as gagnés au prix de ton sang, te serviront à presser ton coursier contre mes ennemis.

» Ta mère trouvera au milieu de nous les soins et les honneurs qui lui sont dus.

» Ton noble père a succombé; les barbares l'ont accablé; tu n'as plus de patrie; retrouve dans mon empire ce que tu as perdu.

» Qu'il en soit ainsi, c'est ma volonté. »

En disant ces mots, Charlemagne descendit de son trône, et prenant le collier d'or qui ornait sa poitrine, il le passa au col de Roderic.

« A genoux ! » lui dit-il; tirant sa large épée, il la balança trois fois, et lui touchant l'épaule :

« Par ma toute-puissance et mon entière grâce, je te fais prince franc. Ta personne m'appartient; pour tous tu es inviolable; tes égaux te respecteront, les autres t'obéiront. »

Et il l'embrassa comme son cousin et maître.

Roderic de Merlo reconnut la magnanimité et la générosité de Charlemagne. Il fut d'un dévouement sans égal et contribua, par son courage, au gain de plusieurs batailles.

Quelques années après, Charlemagne mourut.

TROISIÈME LÉGENDE

(HISTORIQUE.)

Sous le règne des successeurs, la famille de Merlo se montra digne de ses ancêtres.

Tour à tour, dans la faveur des monarques, ses membres occupèrent les dignités et les fonctions les plus éminentes.

Les chroniqueurs du temps ont fait, à leur égard, comme pour les autres seigneurs de l'époque.

Ils n'ont fait que les rappeler, esquisser simplement leur carrière et marquer leur nom, pour que l'histoire ne les oublie pas.

Sacrifiant tout aux monarques, l'histoire des premiers temps de la monarchie française, depuis le fils de Charlemagne, est très-obscure, jusqu'à Louis le Gros, époque à laquelle nous retrouvons la famille de Merlo.

Elle est alors en Picardie, et a pris le nom d'une des villes de cette province, dont son chef est seigneur suzerain.

La famille de Merlo primitive a changé son nom contre celui plus harmonieux de Mello, et y a ajouté celui de Dreux. Philippe Ier de Dreux, seigneur de Mello, était frère de Martin de Mello, chanoine de la cathédrale de Paris, Notre-Dame, en 1103.

Il s'illustra par sa vaillance, sa fidélité au roi, et fut l'un des glorieux barons de son temps.

Son fils aîné, Roderic de Dreux, deuxième seigneur de Mello, celui que le roi de France appelait l'aîné de ses barons, à cause de ses richesses et de sa puissance, mourut après l'an 1136, laissant plusieurs fils, entre autres Raoul de Mello, le troisième, l'un des plus vaillants seigneurs de son temps.

Il fut tué à Tripoli, par des assassins, en 1131.

Constantin Dreux de Mello, quatrième du nom, seigneur de Saint-Prix, près d'Auxerre, fils puîné de Dreux, troisième du nom, accompagna le roi Philippe-Auguste en terre sainte, en 1191, et y donna tant de preuves de son courage et de son mérite, que ce prince l'honora de la charge de connétable de France, après la mort de Raoul, premier du nom, comte de Clermont.

Dans un combat, que le roi Philippe-Auguste livra au débarquement de ses troupes, la mêlée devint horrible.

Les Sarrasins, dont le nombre augmentait sans cesse, menaçaient d'anéantir l'armée des croisés, lorsque Constantin de Mello, s'élançant à la tête d'une compagnie d'hommes d'armes, chargea avec le courage et l'impétuosité que lui seul possédait.

Il fit une trouée au milieu des infidèles et joua si bien de la hache et de la masse d'armes, il anima si bien par sa vaillance les hommes qui le suivaient, qu'il changea la face des choses.

Le désordre se mit dans les rangs ennemis. Le roi Philippe, suivi du gros de son armée, que ce secours inespéré lui avait permis de rallier, s'élança alors sur les fuyards, dont il fit un grand carnage.

Constantin de Mello, pendant le reste de la campagne, devint si terrible aux Maures, que ceux-ci l'avaient surnommé le *lion* des croisés.

Après sa rentrée en France, après avoir joui longtemps des honneurs que lui avaient valus ses brillants faits d'armes, il mourut le 3 mars 1218, à l'âge de quatre-vingts ans.

Guillaume de Mello, premier du nom, seigneur de Saint-Prix, surnommé le Jeune et le Pacifique, fut fait prisonnier avec Matthieu de Marly et quelques autres, dans un combat livré au Vexin, par le roi Philippe-Auguste à Henri II, roi d'Angleterre, au mois de septembre 1198.

Couvert de blessures, accablé sous le nombre des ennemis, il fut laissé pour mort sur le champ de bataille. Le lendemain, les Anglais, qui parcouraient le lieu du combat pour dépouiller les morts, s'aperçurent qu'il respirait encore, et le reconnaissant l'emmenèrent en la province de Guienne, qu'ils possédaient alors, espérant tirer de lui forte rançon.

Leur espoir fut réalisé ; en 1200, guéri de ses blessures, et ayant payé forte rançon, il rentra en France, où il mourut en 1248.

Guillaume de Mello, deuxième du nom, seigneur de Saint-Prix, fils aîné de Guillaume Ier, accompagna le roi saint Louis au voyage d'outre-mer.

Roderic Dreux de Mello, cinquième du nom, seigneur de Brichard, fils puîné de Guillaume Ier, seigneur de Saint-Prix, fit le voyage de la terre sainte avec saint Louis, en 1248.

Ces deux seigneurs partagèrent tous les dangers de cette guerre,

où les croisés déployèrent tant de courage, de cœur, de magnanimité, pour sauver le tombeau de N. S. J. C.

Ils se comportèrent en héros, dans tous les combats et escarmouches
que saint Louis livra aux infidèles.

Ils ranimèrent le courage des troupes, abattues par la famine, les
maladies; surtout Roderic le deuxième, dont toute l'armée et tous
les compagnons admirèrent la force, le courage moral et la religion.

Mais le nombre l'emporta, et saint Louis, laissant les quelques débris
de son armée sur la terre infidèle, se réfugia en France.

Les deux Mello s'embarquèrent, avec quelques barons et hommes
d'armes, sur une galère qui fit route pour la France ; en chemin, ils
s'égarèrent et la tempête les jeta sur les côtes d'Afrique, où ils firent
naufrage.

Ils restèrent huit jours sans armes, sans vivres, dénués de tout, à
errer à quelques lieues de Tanger.

Le huitième jour, aperçus par un parti de Maures, ils furent entou-
rés, faits prisonniers et emmenés à Tanger, et restèrent deux ans dans
les fers, soumis aux travaux les plus durs ; mais le courage des deux
héros ne pouvait s'abattre.

A l'aide de promesses, et surtout de l'ascendant que leur cœur
mâle et fier sut leur faire prendre sur leurs gardiens, ils conçurent le
projet de s'évader.

Ils s'embarquèrent le 12 février 1252 sur une tartane tangérienne,
et quittèrent cette plage maudite pour voguer vers Algésiras, où ils
abordèrent quelques jours après.

En ce moment, le comte de Bologne arrivait en Portugal pour prendre possession de ce royaume. Ils résolurent de s'associer à sa fortune
et pénétrèrent en Portugal.

C'était en l'an 1552.

Ils s'établirent dans la ville Da Guarda, à une lieue de Viseu.

MONARCHIE PORTUGAISE

NOBILIAIRE DU COMTE DON PEDRO

EXTRAITS

TROISIÈME PARTIE

LIVRE VIII

Chapitre XXI. — Page 43.

La tradition rapporte que de Garcie Rodriguez descend d'un rameau des *Fonseca*, et que de ceux-ci descendent les *Coutinho*; et il n'y a pas de doute que les comtes de *Marialva* s'intitulèrent seigneurs du fief de *Leomil*, et le possédèrent comme descendants de Garcie Rodriguez, à qui le premier fut donné le fief de Leomil.

Les seigneurs du *Redondo* et d'autres maisons riches descendent de cette famille.

LIVRE VIII

Chapitre XXX. — Page 58.

Don **Aniao de Estrada**, qui était l'un des compagnons du comte don Henrique, était naturel des Asturies.

Il eut deux fils qui s'illustrèrent.

Le premier se nommait Jean Aniao, et fut évêque de Coïmbre, prélat très-estimé.

L'autre se nommait Martin Aniao ; le comte don Pedro dit qu'il se maria avec dona Todo de Randuffe.

LIVRE VIII

Chapitre XXXI. — Page 60.

Une branche des Souza sont les gentilshommes qui portent le nom de Pinto.

Ils commencèrent à Jean Garcie de Souza, petit-fils du comte don Mendo, et arrière petit-fils de Gonzalo de Souza.

Il fut appelé Pinto à cause de la perfection de son corps et de son visage.

Ses descendants conservèrent ce nom, laissant celui de Souza. Les seigneurs dos Ferreiros et Tendaës Alcades, Môrs de Chaves, et autres gentilshommes, descendent d'eux.

Les armes des Pinto sont : cinq croissants de lune vermeille, et pour sommet d'écu, un léopard d'argent, ayant un croissant sur l'épaule.

LIVRE X

Chapitre IV. — Page 126.

Martin de Aniao était fils de Aniao de Estrada, dont le comte don Pedro parle dans son titre 59, où il dit que de Martin Aniao viennent les Sequeira, quoique dans le titre 55 il nomme Pierre Coronel comme souche de cette famille.

Don Aniao de Estrada était seigneur de Goës et du fief de Sequeira ; cette seigneurie alla depuis à son fils, Martin Aniao, duquel il passa aux Coroneïs, par le mariage d'une de leurs filles.

C'est ainsi que Martin Viegas, fils de Egas Pirès Coronel, prit le nom de Sequeira, comme le dit le comte don Pedro dans son titre 41.

Le livre antique des généalogies dit qu'il se maria avec Sanche Pirès de Veïga, fille de Pierre Paës Graciel et de dona Ouarana, fille de Pierre Paës Correa.

Ce qui est certain, c'est que les Sequeira descendent de Martin Aniao, comme principe de fief, et de don Egas Pirès Coronel, comme tronc de ligne masculine.

Les armes des Sequeira sont : en champ d'azur, cinq coquilles d'or placées à plat, et pour sommet d'écu, cinq panaches avec une coquille au milieu.

De cette maison descendent les seigneurs de la Tour de Palma, et et d'autres familles très-illustres.

Martin Aniao était, en 1139, à la bataille d'Ourique ; c'était un général vaillant et très-expérimenté à la guerre.

Gonzalo Diaz. le Cid de Moraës, était cousin de Martin Aniao, et appartenait à la même famille que les Goës.

Le comte don Pedro dit qu'ils habitaient près de Séville, du temps du roi Ferdinand de Castille : c'est de ceux-là que descendait le Gonzalo Diaz, célèbre en ce temps.

LIVRE XI.

Chapitre vii. — Page 216.

Le Cerveira, qui était alcade de Coïmbre, était un homme très-illustre, très-riche et considéré.

Les Cerveira ont pour armes : en champ d'argent, deux biches de pourpre courant, et une bordure faite avec les Quinas de Portugal, et pour sommet d'écu, une biche de l'armoirie.

LIVRE XI.

Chapitre xvii. — Page 234.

Les Merlo, qui sont les mêmes que les Mello, descendent d'un côté de don Païo Pirès Romeu. De cette descendance sont venus les comtes d'Olivença, qui ont produit les marquis de Ferreira, comtes de Teutugal.

C'est une tige royale, souche de la maison de Bragance.

Ils eurent toujours la charge de grand veneur du royaume, et ont produit les maisons les plus illustres et les plus nobles du Portugal.

Ils ont pour armes : en champ vermeil, six besants d'argent entre une double croix, et pour sommet d'écu, un aigle noir couronné, ayant la foudre entre ses serres.

LIVRE XII.

CHAPITRE XI. — PAGE 19.

Lorsque l'armée des Maures entra en Portugal, commandée par un général castillan, elle se dirigea vers les villes de Thomar et d'Abrantès, où elle massacra beaucoup de monde.

Dans une rencontre entre l'armée portugaise, commandée par l'illustre chevalier don Martin Lopez, et l'armée des Maures, Lopez battit l'ennemi, reprit tous les avantages et fit prisonnier le général ennemi, don Pedro Fernandez de Castro. Ce capitaine portugais, Martin Lopez, était un des ricos-hommes du royaume.

Dans une donation que fit le roi don Sanche à un gentilhomme appelé Nuno Gutterez, pour les grands services qu'il avait rendus à lui et à son père, le roi don Alfonse (laquelle donation est datée du 27 septembre 1190), on parle de don Martin Lopez.

De même, dans la donation d'Idanha, que le roi don Sanche fit à l'ordre militaire des Templiers en l'an 1195, don Martin Lopez est ainsi désigné : « Martin Lopez, gouverneur de la province de Trancoso, est le capitaine portugais qui vainquit les Maures. »

LIVRE XV.

CHAPITRE IX. — ALFONSE III.

Ferdinand Lopez et Alfonse Lopez étaient fils de don Lopo Afonso

de Bayaio, descendant de don Arnaldo, souche de la plus grande noblesse d'Espagne.

Ces deux frères n'eurent pas de descendance, comme le dit le comte
don Pedro dans son titre 40.

Plusieurs ricos-hommes allèrent avec le roi don Alphonse à la conquête des Algarves : Mem Soarès, Jean Pirès de Avoym, Egas Lourenço et Jean Soarès, archidiacre de Calahorra, tous du Conseil du
roi et en grande faveur près de lui.

Mem Soarès était un Mello. Dans une donation datée de 1254, dans
laquelle le roi fait don à Jean Soarès Coelho de la ville de Souto de
Ribeira, on parle de Soarès en ces termes :

« Soarès de Merlo, favori intime du roi. »

C'était une manière éclatante de montrer au grand jour et à quel point
la haute faveur de Soarès de Merlo était arrivée.

LIVRE XVI.

Chapitre XVII. — Page 34.

Pero Coelho ou Pierre-Anne Coelho, était fils de Jean Soarès Coelho
et aïeul de Pierre Coelho, qui tua Inès de Castro, et l'aïeul de tous les
gentilshommes de ce nom qui sont en Portugal et en Castille. Il se
maria avec Marguerite-Estève de Teixeira, et fut grand officier de
justice, attaché à la juridiction de la province de Baïra, sous le règne
du roi don Diniz. Il mourut le 28 mai 1310.

LIVRE XVII.

CHAPITRE XX. — PAGE 216.

En 1294, dona Tareja Alfonse Gatta, veuve de Mem Soarès de Mello, donna une de ses maisons, dans la ville da Guarda, pour faire la chapelle de Sainte-Catherine, instituée par le monastère de Maceideiro, situé à une lieue de Viseu et à quatre lieues des domaines de Mello.

Le roi avait autorisé dona Thérèse à faire cette donation. Cette dame était de la plus haute noblesse : fille de don Alfonse, fils de Pierre Gatto, et de dona Urraca Fernandez, descendant par son père de don Arnaldo de Bayaio, dont le comte don Pedro parle dans son chapitre 40, elle tenait par sa mère au sang de Bragance et autres familles des plus illustres. Le traducteur du comte don Pedro se trompe, dans son chapitre 38, en lui donnant pour époux don Soeiro Pirès de Azevedo.

Ce qu'il y a de certain, c'est qu'elle fut mariée avec Mem Soarès de Mello, chevalier dont la noblesse était égale à la sienne.

Le premier nom dont se servit Soarès fut celui d'Alvini, ainsi que l'appelle le comte don Pedro dans son titre 30 ; ce qui fait dériver la descendance maternelle de ce gentilhomme de don Gomez Mendès de Gedeaô, qui, par la ligne masculine du côté de son père, don Raymond Paës, appartenait aux Riba de Visela, comme le comte don Pedro le dit dans son titre 45.

Mem Soarès prit le nom de Mello.

Avec le même nom de Mello, toute son ascendance est divisée en plusieurs rameaux illustres et maisons princières qui sont en possession de la grande vénerie de Portugal : les comtes de San-Lourenço, d'Açumar, les marquis de Ferreira, maintenant ducs de Cadaval.

La manière dont Mem Soarès prit le nom de Mello n'est pas certaine.

Le nom de Mello s'écrit de différentes manières, et se prononce de même en Portugal et en Castille ; les uns disent Mello, les autres Merlo.

Ceux qui prononcent ainsi paraissent être dans le vrai.

Le premier écusson de cette famille était : *les armes royales avec deux arbres, un de chaque côté, avec un oiseau sur le sommet.*

Ainsi est gravé sur un cachet ancien, que conserva Estève Soarès et autour duquel est gravé :

Sceau du Conseil de Merlo.

Le comte don Pedro, dans son livre sur la généalogie des Merlo, paraît assez certain pour qu'il ne soit pas nécessaire de faire d'autres recherches sur ces armes.

En France, en l'année 1604, mourut Marguerite de Mello, maréchale du comté de Champagne, qui, avec son mari, était ensevelie dans le couvent du Rédempteur, évêché de Troyes, dans la même province.

Son épitaphe, que Gaspard Gonjelino donne dans son Traité général sur les abbayes de cet ordre, est celle-ci :

Ici gît dame Marguerite de Mello, maréchale de Champagne,
morte l'an du Seigneur 1264,
6 novembre.

Il peut se faire que cette dame de Mello soit Portugaise et sœur de Mem Soarès, qui était veuve, et a pu se marier avec le maréchal de Champagne, venu en compagnie du roi Alfonse III, comte de Bologne, quand il vint prendre possession du royaume.

LIVRE XVII.

CHAPITRE LIII.

Rodrigue Anne de Cerveira, seigneur du domaine de Cerveira, situé dans la province de San-Payo de Ponsada, dépendante de celle de Brague, est le chef de cette famille, comme le dit don Frey de Sandoval, en parlant de l'évêque don Gil Perès de Cerveira.

Rodrigue Anne fut le dernier seigneur de ce domaine, qui passa par sa mort et fut partagé entre ses héritiers. Il fut acheté par l'archevêque Gonzalo Pereira pour construire sa chapelle. Le domaine fut depuis loué, à bail emphytéotique, à Anne de Cerveira, fils du défunt, jusqu'au temps de son petit-fils, Anne-Pierre de Cerveira, qui le divisa,

donnant la moitié, qui s'appelle encore le domaine de Pena, à son fils
Rodrigue-Anne de Cerveira ; son successeur l'occupa après lui : c'était
Gonzalo de Araujo de Cerveira. L'autre moitié, où était une tour an-
tique qui est tombée il y a quelques années, passa aux familles de
Caldas de Macedos, et est possédée aujourd'hui par Léon de Faria,
marié avec Marie de Caldas.

DOUZE LIGNES GÉNÉALOGIQUES

DE LA TRÈS-PUISSANTE, TRÈS-ILLUSTRE ET TRÈS-DISTINGUÉE FAMILLE

DE MELLO

TIGE ROYALE

LIGNE PREMIÈRE.

1° **Marcomitr**, ou Mérovée, duc des Français.

    N. . . . . .

2° **Faramond** 1ᵉʳ, roi de France.

    La reine **Argote**.

3° **Clodion le Chapelain**, roi de France.

    La reine **Basine de thuringe**.

4° **Albert**, seigneur de Mosélanie et Ardennes.

    Argote d'Espagne.

5° **Wambert**, seigneur des Ardennes et d'Alsace.

    Lucile de Constantinople.

6° **Ansbert**, seigneur de Mosélanie.

    Blitilde de France.

7° **Arnold**, seigneur de Moselle.

    Sainte Odève de Suève.

8° **Saint Arnolphe**, duc de Mosélanie.

    Sainte Dodde.

9° **Angesyse**.

    Sainte Begghe.

10º Pepin d'Héristal le Gros.

Alpaïde, sa deuxième femme.

11º Childebrand, duc.

N. . . . . .

12° Nobolonge, comte.

N. . . . . .

13° Thiébert, comte de Matrie.

N. . . . . .

14° Robert Ier, de Saxe, comte de Matrie.

Agnès de Berri, fille de Wikfride, comte de Berri.

15° Robert le Fort, duc de France.

Adelaïde, fille de l'empereur Louis.

16° Robert III, roi de France.

Béatrix de Vermandois.

17° Hugues le Grand, duc des Français.

Aduvide de Saxe.

18º Hugues Capet Ier, roi de France.

Adelaïde de Guienne.

19° Albert le Pieux, roi de France.

Constance d'Arles.

20° Robert de France, duc de Bourgogne.

Hélie de Sémur.

21° Henri de Bourgogne.

Sibylle de Bourgogne.

22° Le comte don Henrique.

La reine Thérèse de Castille.

23° Don Alfonse Ier, roi de Portugal.

La reine DONA MAFALDE de Savoie.

24° Don Sanche, roi de Portugal.

La reine DOUCE de Barcelone.

25° Alfonse II, roi de Portugal.

La reine URRAQUE de Castille.

26° Alfonse III, roi de Portugal.

La reine BRITES de Portugal.

27° Don Dinez, roi de Portugal.

Sainte ÉLISABETH, reine de Portugal.

28° Don Alfonse IV, roi de Portugal.

La reine DONA BRITES, de Castille.

29° Don Pèdre, roi de Portugal.

N. . . . . .

30° Jean Ier, roi de Portugal.

N. . . . . .

31° Don Alfonse Ier, duc de Bragance.

La comtesse BRITES Ire, sa femme.

32° Ferdinand II, duc de Bragance.

La duchesse JEANNE DE CASTRO.

33° Le seigneur DON ALVARO, de Portugal.

DONA PHILIPPE DE MELLO (de la maison d'Olivença).

34° RODRIGUE DE MELLO, marquis de Ferreira.

La marquise ÉLÉONORE D'ALMEIDA.

35° FRANÇOIS DE MELLO, 2e marquis de Ferreira.

La dame EUGÉNIE DE BRAGANCE.

36° Nuno Alvarez pereyra de mello, 3ᵉ comte de Teutugal.

La comtesse Marianne de Castro.

37ᵉ Don François de Mello, 3ᵉ marquis de Ferreira.

La marquise Jeanne Pimentel.

38° Nuno Alvarez Pereyra de mello.

LIGNE DEUXIÈME.

Par laquelle il est démontré que la famille DE MELLO descend de tous
les rois qui ont mérité et acquis le nom de Catholique, et ont conquis gloire et honneur pour la postérité.

Cette ligne est, pour la plus grande partie, tirée du Catalogue royal
d'Espagne, composé par Rodrigue Mendès da Sylva.

    1° RICARD Ier le Catholique, roi d'Espagne.

        BADA, fille d'Arthur, roi d'Angleterre, un des neuf de la Table
           ronde.

    2° LIUBA II, roi d'Espagne.

        N. . . . . .

    3° PEDRO . . .

        N. . . . . .

    4° RICARD II.

        N. . . . . .

    5° PIERRE, duc de Cantabria.

        N. . . . . .

    6° ALFONSE Ier le Catholique, roi des Asturies.

        DONA EMEZANDA, fille du roi Don Pélage.

7° L'infant Vimerano.

N. . . . . .

8° Don Bermudo.

La reine Imilona.

9° Don Ramiro Ier, roi des Asturies et de Galice.

Dona Urraca.

10° Don Ordonho Ier, roi de Léon.

Dona Munia.

11° Don Alfonse III le Grand, roi de Léon.

Dona Ximena.

12° Don Ordonho II, roi de Léon.

Dona Elvire II, sa femme.

13° Don Ramire II, roi de Léon.

Dona Urraca Ire, sa femme.

14° Don Ordonho III, roi de Léon.

Dona Elvire, sa femme.

15° Don Bermude III, roi de Léon.

Dona Elvire Mendès.

16° Alfonse V, roi de Léon.

N. . . . . .

17° La reine Dona Sanche.

Don Fernand Ier le Grand.

18° Don Alfonse VI, roi de Castille et de Léon.

Dona Constance de Bourgogne.

19° La reine dona Urraca.

Le comte don Ramon Ier.

20° Alfonse VIII, empereur.

Dona Rica de Pologne.

21° La reine dona Sanche de Castille.

Alfonse, roi d'Aragon.

22° Don Pèdre II, le Catholique, roi d'Aragon.

La reine dona Viollante de Hongrie.

23° D. Jayme, le Conquérant, roi d'Aragon.

La reine Marie de Montpellier.

24° Don Pèdre le Grand, roi d'Aragon.

La reine Constance de Naples.

25° Sainte Isabelle, reine de Portugal.

D. Diniz, roi de Portugal.

26° Don Alfonse IV, roi de Portugal.

La reine dona Britès de Portugal.

27° Don Pedro Ier, roi de Portugal.

La reine dona Inès de Castro.

28° La reine dona Britès, de Portugal.

Don Sanche, comte d'Albuquerque.

29° Léonore d'Albuquerque.

Don Fernand Ier, roi d'Aragon.

30° Jean III, roi d'Aragon.

La reine Jeanne Henrique.

31° Ferdinand V, le Catholique, roi d'Aragon et de Castille.

N. . . . . .

32° Don Alfonse d'Aragon.

N. . . . . .

33° La duchesse JEANNE d'Aragon.

JEAN DE BORJA, duc de Candie.

34° Saint FRANÇOIS DE BORJA, duc de Candie.

La duchesse DE CASTRO et MENÈSES.

35° La marquise ISABELLE DE BORJA.

DON FRANÇOIS DE SANDOVAL ET ROXAS, marquis de Denia.

36° La comtesse LEONOR DE SANDOVAL.

DON LOPO MOSCOZO, comte d'Altamira.

37° La marquise ISABELLE DE MOSCOZO.

DON ANTOINE PIMENTEL IV, marquis de Tavora.

38° La marquise JEANNE PIMENTEL II, femme de don François de
Mello, 3ᵉ marquis de Ferreira.

39° DON NUNO ALVAREZ PEREYRA DE MELLO.

LIGNE TROISIÈME.

Héroïque, dans laquelle il est démontré que la famille DE MELLO descend du grand connétable D. NUNO ALVAREZ PEREYRA, des vertus et de la gloire duquel elle a hérité.

1° DON NUNO ALVAREZ PEREYRA, connétable de Portugal.
DONA LEONOR DE ALVIM.

2° DONA BRITÈS PEREYRA.
DON ALFONSE Ier, duc de Bragance.

3° FERDINAND II, duc de Bragance.
La duchesse JEANNE DE CASTRO.

4° Le seigneur ALVARO de Portugal.
PHILIPPE DE MELLO (dame de la maison d'Olivença).

5° RODERIC DE MELLO, 1er marquis de Ferreira.
La marquise LEONOR D'ALMEIDA.

6° DON FRANÇOIS DE MELLO, 2e marquis de Ferreira.
La dame EUGÉNIE DE BRAGANCE.

7° NUNO ALVAREZ PEREYRA DE MELLO, 3e comte de Tentugal.
La comtesse MARIANNE DE CASTRO.

8° Don François de Mello, 3ᵉ marquis de Ferreira.

La marquise Jeanne Pimentel, sa femme.

9° Alvarez Pereyra de Mello.

LIGNE QUATRIÈME.

Dans laquelle il est démontré que la famille DE MELLO descend de saint Arnolphe, duc de Mosélanie, duquel elle a imité les vertus et la charité.

1° Saint ARNOLPHE, duc de Mosélanie.

Sainte DODDE.

2° ANGESISHE.

Sainte BEGGHE.

3° PEPIN D'HÉRISTAL.

HALPAÏDE.

4° Duc CHILDEBRAND.

N. . . . . .

5° Comte NOBOLONGE.

N. . . . . .

6° THIÉBERT, comte de Matrie.

N. . . . . .

7° ROBERT Ier, de Saxe, comte de Matrie.

AGNÈS DE BERRI.

8° ROBERT II, le Fort, duc de France.

La reine ADÉLAÏDE.

9° Robert III, roi.

La reine Béatrix de Vermandois.

10° Hugo le Grand, duc de Saxe.

Aduvide.

11° Hugues Capet Ier, roi de France, le défenseur de l'Église.

Adélaïde d'Italie.

12° Robert le Dévot, roi de France.

Constance d'Arles.

13° Robert de France, duc de Bourgogne.

La duchesse Hélie de Sémur.

14° Henri de Bourgogne.

Sibylle de Bourgogne.

15° Don Henrique, comte de Portugal.

La reine Thérèse de Castille.

16° Alfonse, roi de Portugal.

La reine Mafalde de Savoie.

17° Sanche Ier, roi de Portugal.

La reine Douce de Barcelone.

18° Alfonse II, roi de Portugal.

La reine Urraca de Castille.

19° Alfonse III, roi de Portugal.

La reine Britès de Castille.

20° Don Diniz, roi de Portugal.

La reine Isabelle d'Aragon.

21° Alfonse IV, roi de Portugal.

La reine Britès de Castille.

22° Pierre Ier, roi de Portugal.

N. . . . . .

23° Jean 1er, roi de Portugal.

N. . . . . .

24° Alfonse Ier, duc de Bragance.

La comtesse Britès Pereyra.

25° Fernand II, duc de Bragance.

La duchesse Jeanne de Castro.

26° Le seigneur Alvaro de Portugal.

D. Philippe de Mello (de la maison d'Olivença).

27° Rodrigue de Mello, 1er marquis de Ferreira.

La marquise Leonor d'Almeida.

28° François de Mello, 2e marquis de Ferreira.

La dame Eugénie de Bragance.

29° Nuno Alvarez Pereyra de Mello, 3e comte de Tentugal.

La comtesse Marianne de Castro.

30° François de Mello, 3e marquis de Ferreira.

31° Nuno Alvarez Pereyra de Mello.

LIGNE CINQUIÈME.

Sacrée, par laquelle il est démontré que la famille de Mello descend de Charles le Grand, dont elle a imité la piété.

1° Charles le Grand, empereur d'Allemagne, dont on voit la canonisation dans les Mémoires généalogiques des rois catholiques des Espagnes (pages 61 et suivantes).

   Hildegarde, impératrice.

2° Louis Ier, le Pieux, empereur et roi de France.

   Irmengarde de Saxonie.

3° Louis, roi d'Allemagne et duc de Bavière.

   La reine Emma d'Espagne.

4° Carle le Grand, duc de France et roi de Bavière.

   Léthorinde.

5° Arnolphe l'Unique, empereur d'Allemagne.

   L'impératrice Lucarde.

6° Lucarde, duchesse de Saxonie.

   Othon, prince de l'Empire.

7° Henri Ier, empereur.

   L'impératrice Mathilde de Saxe.

8o Othon Ier, empereur.

L'impératrice Adélaïde de Bourgogne.

9° Adélaïde, reine de France.

Hugues Capet.

10° Robert, roi de France.

Constance d'Arles.

11° Henri Ier, roi de France.

La reine Anne de Ruthelon.

12° Philippe Ier, roi de France.

La reine Berthe de Hollande.

13° Louis VI, roi de France.

La reine Élise de Savoie.

14° Louis VII, roi de France.

La reine Alice de Champagne.

15° Philippe-Auguste, roi de France.

La reine Isabelle d'Artois.

16° Louis VIII, roi de France.

La reine Blanche d'Espagne.

17° Robert Ier, comte d'Artois.

Mafalde de Brabant.

18° Blanche d'Artois.

Edmond, comte de Lancastre, de la maison de la Rose rouge.

19° Henri de Lancastre, baron de Montmouth, comte de Leicester.

Mathilde de Riwely.

20° Henri le Bossu, 1er duc de Lancastre.

Isabelle de Belmonte.

21° La reine PHILIPPE de Lancastre.

Jean Ier, roi de Portugal.

22° BLANCHE de Lancastre.

Jean, duc de Lancastre.

23° DUARTE Ier, roi de Portugal.

La reine LEONOR d'Aragon.

24° FERNAND, infant de Portugal.

L'infante BRITÈS de Portugal.

25° La dame ISABELLE, duchesse de Bragance.

FERNAND III, duc de Bragance.

26° JAYME IV, duc de Braganee.

La duchesse Jeanne de Mendoça.

27° EUGÉNIE de Bragance.

FRANÇOIS DE MELLO, 3e marquis de Ferreira.

28° NUNO ALVAREZ PEREYRA DE MELLO, comte de Tentugal.

La comtesse MARIANNE DE CASTRO.

29 FRANÇOIS DE MELLO, 3e marquis de Ferreira.

La marquise JEANNE PIMENTEL.

30° NUNO ALVAREZ Pereyra DE MELLO.

LIGNE SIXIÈME.

Dans laquelle il est démontré que la famille DE MELLO descend de saint Léopold, marquis d'Autriche, duquel elle a imité la dévotion pour la sainte Vierge.

Cette ligne est tirée du père Radeiro. (*Histoire de Bavière, tome III.*)

1° Saint LÉOPOLD, marquis d'Autriche.

INÈS, duchesse de Franconie, fille de Henri III, empereur.

2° LADISLAS, duc de Pologne.

RICA de Pologne.

3° SANCHE de Castille, reine d'Aragon.

ALFONSE II, roi d'Aragon.

4° PIERRE le Catholique, roi d'Aragon.

La reine MARIE de Montpellier.

5° JAYME le Conquérant, roi d'Aragon.

La reine VIOLLANTE de Hongrie.

6° VIOLLANTE, reine de Castille.

ALFONSE X, le Sage, roi de Castille.

7° SANCHE IV, le Brave, roi de Castille.

La reine MARIE DE MOLINA.

8° La reine Britès de Castille.

Alfonse IV, le Brave, roi de Portugal.

9° Pierre Ier, roi de Portugal.

N. . . . . .

10° Jean Ier, roi de Portugal.

La reine Philippe de Lancastre.

11° L'infant Maître de Santiago.

L'infante Isabelle de Bragance.

12° L'infante dona Britès.

L'infant don Fernand.

13° Isabelle, duchesse de Bragance.

Ferdinand III, duc de Bragance.

14° Jayme IV, duc de Bragance.

La duchesse Jeanne de Mendoça.

15° Eugénie de Bragance.

François de Mello, 3e marquis de Ferreira.

16° Nuno Alvarez Pereyra de Mello, comte de Tentugal.

17° François de Mello, 3e marquis de Ferreira.

18° Nuno Alvarez Pereyra de Mello.

LIGNE SEPTIÈME.

Sacrée, par laquelle il est démontré que la famille DE MELLO descend
de saint Louis, roi de France, dont elle a imité le zèle et la constance
pour la religion.

1° Saint Louis, roi de France.
    La reine MARGUERITE de Provence.
2° BLANCHE de France.
    L'infant FERNAND de la Cerda.
3° MAFALDE de France.
    ALFONSE de la Cerda.
4° INÈS de la Cerda.
    FERNAND RODRIGUE de Villalobos.
5° MARIE FERNANDEZ de Villalobos, dame de la maison de Villa-
    lobos.
    PIERRE OSORIO ALVAREZ, comte de Villalobos.
6° ALVAREZ PEREZ OSORIO, comte de Villalobos, duc d'Aguiar.
    CONSTANCE DE HARO.
7° JEAN OSORIO, comte de Villalobos.
    ALDONCE DE GUZMAN.

8° Pierre Alvarez Osorio, comte de Transtamare.

Isabelle de Roxas.

9° Pierre Alvarez Osorio.

Urraca de Moscozo, comtesse d'Altamira.

10° Rodrigue Osario de Moscozo, 3e comte d'Altamira.

La comtesse Anne de Tolède.

11° Lopa de Moscozo, 4e comte d'Altimara.

La comtesse Isabelle de Castro.

12° Rodrigue de Moscozo Osorio.

La comtesse Thérèse d'Andrade.

13° Marianne de Castro, comtesse de Tentugal.

Nuno Alvarez Pereyra de Mello, comte de Tentugal.

14° François de Mello, 3e marquis de Ferreira.

15° Nuno Alvarez Pereyra de Mello.

LIGNE HUITIÈME.

Dans laquelle il est démontré que la famille DE MELLO descend de saint David, roi d'Écosse, duquel elle a imité la piété quand il reçut le saint viatique, lorsqu'il mourut à Édimbourg, le 24 mai 1103.

(Hector Boethio parle de lui dans le Catalogue général des Saints qui ne sont pas au Martyrologe romain.)

1° Saint DAVID, roi d'Écosse.

    MATHILDE de Northumberland.

2° HENRI, comte de Northumberland.

    MARIE de Vevain.

3° ADAMA de Northumberland.

    FLORENCE III, roi de Hollande.

4° GUILLAUME Iᵉʳ, roi de Hollande.

    ADÉLAÏDE de Gueldre.

5° FLORENCE IV, comte de Hollande.

    MATHILDE de Brabant.

6° ADÉLAÏDE de Hollande, comtesse d'Avesnes.

    JEAN, comte du Hainaut.

7° JEAN D'AVESNES, comte de Hainaut et de Hollande.

    PHILIPPE de Luxembourg.

8° Guillaume le Bon, comte de Hollande.

Jeanne de Valois.

9° Philippe de Hollande, reine d'Angleterre.

Édouard III, roi d'Angleterre.

10° Jean, duc de Lancastre.

Blanche, comtesse de Lancastre.

11° Philippe de Lancastre, reine de Portugal.

Jean Ier, roi de Portugal.

12° Édouard, roi de Portugal.

La reine Leonor d'Aragon.

13° L'infant Fernand, de Portugal.

L'infante Béatrice.

14° Isabelle, duchesse de Bragance.

Fernand, duc de Bragance.

15° Diniz, roi de Portugal.

Britès de Castro, 3e comtesse de Lemos.

16° Fernand Rodrigue de Castro, 4e comte de Lemos.

Thérèse d'Andrade et Ulhoa, comtesse de Vilhalva.

17° La comtesse Isabelle de Castro.

Rodrigue de Moscozo Osorio, comte d'Altamira.

18° Marianne de Castro, comtesse de Tentugal.

Nuno Alvarez Pereyra de Mello, 3e comte de Tentugal.

19° François de Mello, 3e marquis de Ferreira.

La marquise Jeanne Pimentel.

20° Nuno Alvarez Pereyra de Mello.

LIGNE NEUVIÈME.

Sacrée, dans laquelle il est démontré que la famille DE MELLO descend de saint Ferdinand, dont elle a imité le zèle pour l'honneur et la défense de la religion.

1° Saint FERDINAND, roi de Castille.

   La reine DONA BRITÈS.

2° ALFONSE X, le Sage, roi de Castille.

   La reine VIOLLANTE d'Aragon.

3° SANCHE IV, roi de Castille et de Léon.

   La reine MARIE de Molina.

4° FERDINAND, le Zélé, roi de Castille.

   La reine CONSTANCE de Portugal.

5° ALFONSE II, roi de Castille.

   N. . . . . .

6° DON FADRIQUE de Castille, maître de Santiago.

   N. . . . . .

7° ALFONSE HENRI, amiral de Castille.

   JEANNE de Mendoça.

8° HENRI, 1er comte d'Alva de Liste.

   JEANNE de Velasco.

9° ALFONSE-HENRI, 2ᶜ comte d'Alva de Liste.

THÉRÈSE de Guzman.

10° DIÈGUE-HENRI, 3ᵉ comte d'Alva de Liste.

CATHERINE de Tolède.

11° HENRI de Guzman, 4ᵉ comte d'Alva de Liste.

LEONOR de Tolède.

12° LEONOR-HENRIETTE.

PEDRO PIMENTEL, marquis de Tavora.

13° BERNARDIN PIMENTEL, 3ᶜ marquis de Tavora.

JEANNE de Tolède.

14° ANTOINE PIMENTEL, 4ᵉ marquis de Tavora.

La marquise ISABELLE de Moscozo.

15° JEANNE PIMENTEL, marquise de Ferreira.

FRANÇOIS DE MELLO, 3ᶜ marquis de Ferreira.

16° NUNO ALVAREZ PÉREYRA DE MELLO.

LIGNE DIXIÈME.

Dans laquelle il est démontré que la famille DE MELLO descend de saint Macolme, troisième roi d'Écosse, dont il a imité la charité pour les pauvres.

Saint Macolme , roi d'Écosse, mourut l'an 1102, le 2 juin (d'autres disent le 15 octobre).

Boethio parle de lui dans le livre XII de l'*Histoire d'Écosse;*

Jean Lesleu, dans l'ouvrage dont le titre est : *Des choses écossaises ;*

Ferrare, dans le Catalogue des Saints qui ne sont pas marqués au Martyrologe romain.

1° Saint MACOLME III, roi d'Écosse.

Sainte MARGUERITE d'Angleterre.

2° MATHILDE d'Écosse, reine d'Angleterre.

HENRI Ier, roi d'Angleterre.

3° MATHILDE d'Angleterre.

GODEFROI le Barbu, comte d'Anjou.

4° JEAN SANS-TERRE, roi d'Angleterre.

ISABELLE, comtesse d'Angoulême.

5° LEONOR d'Angleterre.

SIMON, comte de Montford.

6° GUIDO de Montford.

N. . . . . .

7° ANASTASIE de Montford, comtesse de Nola.

ROMAIN URSIN, comte de Nola.

8° ROBERT URSIN.

JACOBA de la Marre.

9° NICOLAS URSIN.

ROBERTE de Saint-George.

10° ROBERTE URSIN, comtesse de Nola.

N. . . . . .

11° PIERRE URSIN.

N. . . . . .

12° JEANNE URSIN, comtesse de Nola.

JACOB GAETAN.

13° JEANNE GAETAN.

PIERRE-LOUIS FARNÈSE.

14° BARBARA FARNÈSE.

ÉDOUARD COLONNA.

15° FABRICE COLONNA.

INÈS de Montefeltre.

16° ASCANIO COLONNA.

JEANNE d'Aragon.

17° VICTOIRE COLONNA.

GARCIE de Tolède, marquis de Villafranca.

18° JEANNE de Tolède, marquise de Tavora.

BERNARDIN PIMENTEL, 3e marquis de Tavora.

19° Antoine Pimentel, 4e marquis de Tavora.

La marquise Isabelle de Moscozo.

20° Jeanne Pimentel, marquise de Ferreira.

François de Mello, 3e marquis de Ferreira.

21° Nuno Alvarez Pereyra de Mello.

LIGNE ONZIÈME.

Dans laquelle il est démontré que la famille DE MELLO descend de saint Guillaume, dont elle a imité la ferveur en se préparant à la mort :

1° Saint GUILLAUME, duc de Guienne.

La duchesse LÉONORE de Chatellerault.

2° LÉONORE de Guienne.

HENRI II, roi d'Angleterre.

3° JEAN SANS-TERRE, roi d'Angleterre.

ISABELLE, comtesse d'Angoulême.

4° HENRI III, roi d'Angleterre.

La reine ÉLÉONORE de Provence.

5° ÉDOUARD Iᵉʳ, roi d'Angleterre.

La reine LEONOR de Castille.

6° ÉDOUARD II, roi d'Angleterre.

La reine ISABELLE de France.

7° ÉDOUARD III, roi d'Angleterre.

La reine PHILIPPE de Hollande.

8° JEAN DE GANTE, duc de Lancastre.

BLANCHE, duchesse de Lancastre.

9° La reine Philippe de Lancastre.

Jean Ier, roi de Portugal.

10° Édouard, roi de Portugal.

La reine Leonor d'Aragon.

11° Ferdinand, infant de Portugal.

L'infante dona Britès.

12° Isabelle, duchesse de Bragance.

Ferdinand III, duc de Bragance.

13° Don Diniz, roi de Portugal.

Britès de Castro, comtesse de Lemos.

14° Isabelle de Castro, comtesse d'Altamira.

Rodrigue de Moscozo Osorio, comte d'Altamira.

15° Lopo de Moscozo, comte d'Altamira.

La comtesse Leonor de Sandoval.

16° La marquise Isabelle Moscozo.

Antoine Pimentel, 4° marquis de Tavora.

17° Jeanne Pimentel, marquise de Ferreira.

François de Mello, 3e marquis de Ferreira.

18° Nuno Alvarez de Pereyra de Mello.

LIGNE DOUZIÈME.

Sacrée, dans laquelle il est démontré que la famille DE MELLO descend de saint François de Borja, dont elle a imité le culte et l'obéissance au saint sacrement.

1° Saint FRANÇOIS DE BORJA, duc de Candie.

La duchesse LEONOR DE CASTRO.

2° ISABELLE DE BORJA, marquise de Denia.

DON FRANÇOIS DE SANDOVAL ET ROXAS, marquis de Denia.

3° LEONOR DE SANDOVAL, comtesse d'Altamira.

LOPO DE MOSCOZO, marquise de Tavora.

4° ISABELLE DE MOSCOZÓ, marquise de Tavora.

ANTOINE PIMENTEL, marquis de Ferreira.

5° JEANNE PIMENTEL, marquise de Ferreira.

FRANÇOIS DE MELLO, 3ᵉ marquis de Ferreira.

6° NUNO ALVAREZ PEREYRA DE MELLO.

MAISON DE BRAGANCE

DOCUMENTS.

DOCUMENTS SUR LA MAISON DE BRAGANCE.

La maison de Bragance commença vers l'année 1442. C'est le duché le plus ancien du Portugal.

Le premier duc, don Alfonse, se maria avec dona Béatrix Pereyra, fille du grand connétable don Nûno Alvarez de Mello, et de cette union sont venus successivement les ducs Ferdinand Ier, Ferdinand II, don Jayme, don Théodose Ier, don Jean Ier, don Théodose II, don Juan II, après lesquels vint le très-heureux roi Jean IV, marié à très-excellente reine Louise de Guzman, qui ont donné naissance au très-illustre prince don Pèdre, notre seigneur, très-digne descendant de tant de souverains, comme en ont donné les maisons de Bragance et de Medyna-Sydonia.

Ces deux maisons furent les plus puissantes du Portugal et celles qui eurent le plus d'alliances avec les princes de l'Europe, comme si depuis des siècles le ciel s'était appliqué à tirer de ces souches glorieuses tous les illustres rois qui ont fait la grandeur de la nation portugaise.

Le magnanime don Nûno Alvarez de Mello a créé la souche des très-illustres ducs de Bragance.

Il peut être appelé le Père de la patrie, ayant donné naissance à ceux qui ont délivré avec tant de courage leur pays ruiné du joug de l'Espagne.

Le roi Jean III fit duc de Trancoso l'infant don Fernand, son frère, quand il se maria avec dona Guiomar Continho, fille et héritière de don François Continho, 4e comte de Marialva. Il n'eut pas d'héritier ; le titre fut sans titulaire jusqu'au moment où le comte de Cantanhëde, don Louis-Antoine Continho de Menesès, de la famille de Marialva, reçut, à cause de ses grands services, en 1665, le titre de marquis de Marialva.

Le roi Jean IV fit duc de Cadaval don Nûno Alvarez de Mello, 4e marquis de Ferreira, 6e comte de Tentugal, et seigneur de beaucoup d'autres terres, commandeur grand chef de l'ordre de Santiago, chevalier de l'ordre du Christ, du conseil d'État du roi et de son conseil suprême des grâces, grand chambellan de la reine, quatrième petit-fils de don Alvaro, seigneur de Tentugal, président de la haute cour de justice, grand chancelier du royaume, président du conseil royal de Castille et grand contrôleur des finances, alcade môr de Séville et de Andujar, fils de Fernand, 2e duc de Bragance, et petit-fils du roi Jean 1er.

Le roi Jean III fit marquis de Ferreira, don Rodrigue de Mello, comte de Tentugal, qui était fils de don Alvaro, petit-fils du roi Jean 1er, du côté de don Alfonse, son fils, premier duc de Bragance.

Ce titre est conservé dans la maison du duc de Cadaval, son descendant.

Le roi Alfonse VI fit marquis de Marialva, don Antoine-Louis Continho de Menesès, comte de Cantanhëde; seigneur de Melvès, Serva, Mondim, Hermelo, Azam, Avelaës de Caminho, Villas de Ferreiros, Leomil Ponto, Valongo et Pinela; de son conseil d'État et de guerre, ministre de l'intérieur et capitaine général de la province de l'Alemtejo; le héros de notre siècle, qui fut vainqueur à Valence, à Alcantara et aux deux mémorables batailles d'Elvar et de Monte-Claro ; qui fut en même temps héroïque soldat et sublime général, et qui, comme Pompée, put dire, quand on lui demandait s'il renverserait toutes les citadelles :

Toutes sous moi, si j'étais empereur.

Le roi don Pèdre fit marquis de Tavora, Louis Alvarez de Tavora, comte de Saint-Jean, de son conseil de guerre, et son gentilhomme de la chambre, gouverneur militaire et général de l'armée de la province de Tra-os-Montès, maître de camp général de l'armée de la province d'Entre-Douro-et-Minho; seigneur des villes et districts royaux de Mogador, Miranda, Alfandega, Crastorecete, Penazagas, Aliza, Lordela, Galegos, Saint-Jean de Pesqueira, Villa-Nova, Corellos, Valles Colmaës, et autres nombreuses terres; alcade mayor de la ville de Miranda, et commandeur de la commanderie de Sainte-Marie de Castillo-Branco, dans l'ordre du Christ.

Bragance ou Bergança, Brigantia, ville de Portugal.—Les ducs de Bragance, issus des rois de Portugal, faisaient leur séjour ordinaire à Villa-Viciosa, et ils avaient la prérogative, à l'exclusion des grands d'Espagne, de pouvoir s'asseoir en public sous le dais des rois d'Espagne.

Ils sont en possession de la couronne depuis 1640. Voici de quelle manière ils descendent des rois de Portugal :

Alfonse de Portugal, premier du nom, duc de Bragance, comte de Barcelos et seigneur de Guimaraëns, était fils naturel de Jean Ier, roi de Portugal, et d'Agnès Pirès. Il mourut en 1461, ayant eu de sa première femme Béatrix Pereyra, fille et héritière d'Alvaro Pereyra de Mello, connétable de Portugal, comte de Barcelos, Alfonse, comte d'Ourem, qui a donné naissance à la branche des comtes de Vimioso ; Ferdinand Ier ; Isabelle, mariée à Jean de Portugal, son cousin. Alfonse se maria une deuxième fois avec Constance de Noronha, fille d'Alfonse de Castille, dont il n'eut pas d'enfants.

Ferdinand Ier, duc de Bragance, marquis de Villa-Viciosa, gouverneur de Ceuta, mourut en 1474, et fut enterré en l'église des Augustins de Villa-Viciosa, qu'il avait fondée.

Il eut de Jeanne de Castro, son épouse, Ferdinand, 2e marquis de Montemayor, connétable de Portugal, mort sans laisser d'enfants, d'Élisabeth de Noronha, sa femme ; Alvare, comte d'Olivença, tige des marquis de Ferreira.

Le comté le plus ancien de Portugal, par la grâce des rois, fut le comté de Barcelos. Le premier comte fut Jean-Alfonse de Menesès, marié à dona Thérèse Sanche, fille du roi Sanche III de Castille. Pour différentes causes, il passa en Portugal, où le roi don Diniz le fit comte de Barcelos et son grand chambellan.

Sa fille, Thérèse Martins, se maria à Alfonse Sanchez, seigneur d'Albuquerque, fils bâtard du roi don Diniz ; ils fondèrent le monastère de Sainte-Claire, de la ville de Barcelos, où ils sont ensevelis.

Le deuxième comte de Barcelos fut don Martin Gil de Souza, premier porte-étendard du roi don Diniz ; il repose dans le monastère de Sainte-Thyrse, avec sa femme dona Viollante Sanchez, fille du comte Jean-Alfonse de Menesès.

Le troisième comte fut don Pèdre, fils bâtard du roi don Diniz, qui le fit comte de Barcelos et son grand porte-étendard en l'année 1324 ; il se maria en premières noces avec Blanche Pirez, fille de Pèdre-Anne de Portil et de dona Constance Mendez de Souza ; en deuxièmes noces, avec dona Maria Ximenès Coronel, dame aragonaise de la reine sainte Isabelle. Il n'eut pas d'enfants. Il est enseveli dans le couvent de Saint-Jean de Tarouca, de l'ordre de Saint-Bernard.

L'inscription qui devrait se trouver sur le tombeau a été mise par erreur dans une des chapelles du cloître de la cathédrale, à Lisbonne.

Le quatrième comte de Barcelos fut don Martin-Alfonse, marié à dona Elvire Gracia, fille de Gracia Fernandez de Villar-Mayor, duquel fait mention Salazar de Mendoça (dans ses *Dignités du Siècle*, chapitre XII).

Le cinquième comte de Barcelos fut Jean-Alfonse Tello de Menesès, favori du roi Pierre de Portugal, son porte-étendard, et grand chambellan du roi Fernand son fils, comte d'Ourem.

Le sixième comte de Barcelos fut don Alfonse Tello, fils du précédent.

Le septième comte de Barcelos fut Jean-Alfonse Tello de Menesès, frère de la reine dona Leonor, à qui le roi Fernand, son beau-frère, donna le comté de Barcelos, et le titre d'amiral de Portugal et d'alcade mayor de Lisbonne. Il suivit les chances de la guerre en Castille, contre le roi Jean Ier, et mourut à la bataille de Aljubarrata.

Le huitième comte de Barcelos fut le grand connétable don Nûno Alvarez de Mello, par la grâce du roi Jean Ier, le 8 octobre 1285.

Celui-ci donna le comté en dot à Alfonse Ier, duc de Bragance, fils du même roi Jean Ier.

Le comté fut érigé en duché, par le roi don Sébastien, en faveur des héritiers de la maison.

Le roi don Fernand créa la dignité de connétable en Portugal, en l'année 1312.

Le premier fut don Alvaro Pirez de Castro, comte d'Arrayolos, seigneur de Cadaval et autres terres, et alcade mayor de Lisbonne, frère de la reine Inès de Castro, femme du roi don Pèdre.

Le grand connétable, D. Nûno Alvarez Pereyra, fondateur de la maison de Bragance, fut investi de cette dignité, qui fut donnée à tous ses descendants.

A l'heureuse acclamation du roi Jean IV, assistait, l'épée de connétable à la main, le marquis de Ferreira, don François de Mello.

Et quand les trois États prêtèrent serment à l'infant don Pèdre, le duc de Cadaval, D. Nûno Alvarez Pereyra de Mello, était présent l'épée de connétable à la main.

MAISON DE CADAVAL

(HISTORIQUE.)

HISTORIQUE DE LA MAISON DE CADAVAL.

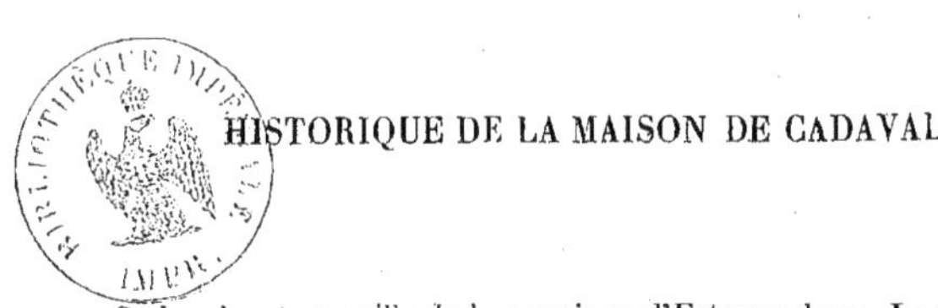

Cadaval est une ville de la province d'Estramadure. Le roi Jean IV, qui était suzerain de ce domaine, créa don Nûno Alvarez Pereyra de Mello, duc de Cadaval, par lettre en date de Lisbonne, le 18 juillet 1648 (grâce qu'il avait accordée le 26 avril).

Don Nûno Alvarez Pereyra de Mello était :

Quatrième marquis de Ferreira, titre créé par le roi Jean III, avant l'an 1534; cinquième comte de Tentugal, titre créé par le roi don Manoël, en l'an 1504, et depuis donné comme héréditaire le 20 mars 1610.

La maison de Cadaval a la même ligne masculine que la maison royale régnante, comme étant une tige de la très-illustre maison de Bragance, en la personne du seigneur Alvaro, quatrième fils de Ferdinand Ier du nom et deuxième duc, et de sa femme la duchesse Jeanne de Castro, fille de Jean de Castro, seigneur de Cadaval.

Don Alvaro se maria avec dona Filippe de Mello, dame de la maison de Mello et du comté d'Olivença, fille de Rodrigue de Mello 1er, comte d'Olivença.

Vinrent de ce mariage :

— Don Rodrigue de Mello, qui succéda à la maison, et pour cela se servit du nom (appellido de Mello),

13

Et don George de Portugal, qui, servant en Castille l'empereur Charles V, fut fait comte de Gelves.

De lui, descendent par alliance plusieurs maisons, et par la ligne masculine, don Pedro Colon, de Portugal, huitième duc de Veragua et de la Vega, marquis de la Jamaïque et de Saint-Léonard, comte de Gelves, de Ayala, Vilhanoso, grand amiral des Indes ; il mourut sans laisser d'héritiers le 4 juillet 1733 ; sa maison passa à sa sœur dona Catarina Ventura, de Portugal, duchesse de Lirca, depuis duchesse de Veragua et Berwick, comtesse de Gelves.

Le marquis Rodrigue de Mello se maria à Léonore d'Almeida, fille de François d'Almeida, premier vice-roi des Indes, et eut pour fils don François de Mello, deuxième marquis de Ferreira, qui, en décembre 1549, se maria à Eugénie, qui mourut en 1590, fille de Jayme, quatrième duc de Bragance, qui gouverna le royaume quand le roi don Manuel passa en Castille, en l'année 1498.

Par cette nouvelle alliance, la maison de Ferreira participa une deuxième fois au sang royal de Portugal.

De ce mariage vint : Nûno Alvarez Pereyra de Mello, qui succéda à la maison et fut troisième comte de Tentugal.

Il mourut le 28 février 1597, ayant épousé la comtesse Marianne de Castro, fille de don Rodrigue de Moscozo Osorio, quatrième comte d'Altamira, et de doña Isabelle de Castro, fille de don Fernand, comte de Lemos.

De cette union :

—Jean-François de Mello, fils, à la sixième génération masculine du roi Jean Ier, né le 5 août 1588, troisième marquis de Ferreira, quatrième comte de Tentugal; seigneur des villes de Cadoval, Villa-Nova, Dancos, Rubaçal, Arego-Buarcos, Anobra, Carapito, Mortagua, Penacora, Vilalva, Villa-Rueva, Albergarca, Agua-de-Peixes, Peral et Cercal.

Du conseil d'État et de guerre du roi Jean IV, et un des ministres de la cour suprême, grand chambellan de la reine Louise-Françoise de Guzman, il remplit les fonctions de connétable, à la solennité dans laquelle les trois États jurèrent fidélité au roi le 15 décembre 1640.

Le marquis mourut le 17 mars 1645 ; il se maria deux fois, la première en 1609, avec Marie de Sandoval et Moscozo, sa cousine de sœur, qui mourut le 5 avril 1630, fille de don Lopo de Moscozo, sixième comte d'Altamira, et de Leonor de Sandoval, fille de François de Sandoval et de Roxas, quatrième marquis de Denia, et de dona Isabelle de Borja, fille de François de Borja, duc de Candie, de laquelle il eut seulement Marie de Mello, qui mourut mineure.

Il se maria une deuxième fois, en l'année 1635, avec Jeanne Pimentel, sa cousine, dame de la reine Isabelle de Bourbon, qui mourut le 11 septembre 1657, ayant été cameirera mayor de la reine Louise ; elle était fille de Antoine Pimentel, quatrième marquis de Tavora, et de dona Isabelle de Moscozo, sœur de sa première femme, fille de don Lopo Moscozo, sixième comte d'Altamira.

De ce mariage vinrent :

— Nûno Alvarez de Mello, duc de Cadaval ; Théodose de Mello de Bragance, qui fut chanoine de la cathédrale de Lisbonne, officier du rideau du roi Alfonse VI, qui mourut le 11 juillet 1672, au moment où il faisait concevoir les plus belles espérances.

Dona Isabelle de Moscozo naquit en mai 1640, et mourut en 1650.

Don Nûno Alvarez Pereyra de Mello naquit le 4 novembre 1638, et fut premier duc de Cadaval, quatrième marquis de Ferreira, cinquième comte de Tentugal; seigneur des villes de Buarcos, Povoa de Sainte-Christine, Tentugal, Villa-Nova-de-Ancos, Rabuçal, Arega, Alvagazire, Penacora, Mortagua, Ferreira de Aves, Villa-Alva, Villa-Ruiva, Albergaric, Agoa de Peixes Cadaval, Muja-Cercal, Paral, Barrancos; alcade mayor des villes et châteaux d'Olivença; commandeur des commanderies de Saint-Isidore, de Sainte-Marie, de Saint-André de Moraës, de Sainte-Marie de Marmeleiro, Saint-Mathieu de Sandoval, de l'ordre du Christ, de l'ordre de Santiago et de celui d'Aviz, des conseils d'État et de guerre des rois Alfonse VI, Pedro II, et Jean V, et du département des grâces et des expéditions; maître de camp général de la cour et province d'Estramadure, compagnon du roi, et capitaine général de la cavalerie d'Estramadure, gouverneur des armes de Setuval et Cascaës.

Dans la guerre de l'acclamation, il fit plusieurs campagnes dans la province da Beira et de l'Alemtejo, dans laquelle eut lieu la bataille du fort Saint-Miguel, et dans toutes ces occasions il montra la plus grande valeur et la plus grande prudence.

Il fut président du conseil du palais, et avait fait partie du conseil d'outre-mer.

Il fut grand chambellan des reines Marie-Françoise et Marie-Anne d'Autriche. Il fut ambassadeur extraordinaire près le duc de Savoie, pour conduire en Portugal, en 1683, ce prince dont le mariage était conclu avec une princesse de Portugal, héréditaire, en l'année 1668 et non en 1674.

Quand on ouvrit les cortès, il fit les fonctions de grand connétable, et mourut en l'année 1727, le 29 janvier, ayant vécu 88 années 2 mois 25 jours, ayant servi quatre rois, ayant commencé à vingt et un ans l'important emploi de conseiller d'État, et ayant été successivement employé au service du roi, qu'il servit avec tant de zèle et de désintéressement, qu'il fit l'admiration du monde entier.

Il se maria trois fois :

1° Le 29 décembre 1660, avec Dona Maria de Faro, veuve de Jean Forgas-Pereyra, 8ᵉ comte da Feira, fille de François de Faro, 7ᵉ comte d'Odemira, du conseil d'État, et précepteur du roi Alfonse VI, qui mourut le 1ᵉʳ février 1664.

2° En France, le 2 février 1671, avec la princesse Marie-Angélique-Henriette de Lorraine, fille de François de Lorraine, 2ᵉ comte de Rieux, prince d'Harcourt, grand veneur de la cour de France, marié à Catherine-Henriette, fille naturelle de Henri IV, roi de France ; la duchesse mourut le 7 juillet 1674.

Vinrent de ce mariage :

— François de Mello, mort petit enfant.

— Isabelle de Lorraine, qui naquit le 21 janvier 1674, et mourut le 6 novembre 1699. Son mariage avec Jean-Rodrigue de Sa et Menesès, 2ᵉ marquis de Ponte, était convenu ; mais celui-ci mourut avant.

Elle épousa son frère, Rodrigue de Sa, 3ᵉ marquis de Fontès.

3° Encore en France, le 25 juillet 1675, avec la princesse Marguerite-Armande de Lorraine, fille de Louis de Lorraine, comte d'Armagnac et d'Harcourt, et de sa femme Catherine de Neuville, fille de Nicolas de Neuville, maréchal de France, duc de Villeroi, pair de France ; la duchesse mourut le 15 décembre 1730.

Vinrent de ce mariage :

— François de Mello, né le 5 avril 1677, et mort l'année suivante.

— Louis-Ambroise de Mello, né le 7 décembre 1679 ; il se maria le 27 mai 1696 avec Louise, fille légitime du roi Don Pèdre II. Il mourut sans successeur, le 13 novembre 1700.

— Le duc Jayme de Mello.

— Alvaro de Mello, né le 10 novembre 1685, et mort le 3 janvier 1701 de la petite vérole.

— Rodrigue de Mello, né le 17 octobre 1688, mort de la petite vérole le 1ᵉʳ juillet 1713. Il se maria avec sa cousine Anne-Catherine-Henriette de Lorraine, fille de Rodrigue de Sa, 2ᵉ marquis de Fontès, et de la marquise Isabelle de Lorraine.

Vinrent de ce mariage :

— Marguerite de Lorraine, née en 1711, et morte le 11 mars 1712.

— Maria de Lorraine, née le 2 février 1713, et mariée avec son oncle Don Joaquim de Sa, 4ᵉ marquis de Fontès et depuis d'Abrantès.

— Catherine de Lorraine, née le 25 juillet 1778, et morte quelques jours après.

— Anne de Lorraine, née le 19 septembre 1681, se maria avec Louis-Bernard Alvarez de Tavora, comte de Saint-Jean.

Devenue veuve, elle se fit religieuse de la sainte Mère de Dieu, à Lisbonne.

— Eugénie de Lorraine, née le 4 septembre 1683, se maria à Manuel Tellez de Sylva, 4ᵉ comte de Villar-Mayor, 3ᵉ marquis d'Allegrète.

— Jeanne de Lorraine, née le 12 mai 1683, se maria avec Bernard-Antoine de Tavora, 2ᵉ comte d'Alvor.

— Filippe de Lorraine, née le 31 mars 1694, se maria avec son cousin Joaquim de Sa, 7ᵉ comte de Penaguiom, et mourut de la petite vérole le 29 octobre 1713.

Don Nûno Alvarez Pereyra de Mello, 4ᵉ duc de Cadaval, eut comme enfants naturels :

— Don Nûno Alvarez Pereyra de Mello, qui naquit en 1662, et qui fut pensionnaire au collège de Saint-Pierre de Coïmbre, chanoine d'Evora, évêque de Partalègre, officier du roi Pierre II et Jean IV, député à la junte des trois États et membre de l'inquisition de Lisbonne, inquisiteur de Coïmbre, recteur et réformateur de cette université, conseiller du roi et archevêque de Lamego, chapelain du roi le 9 octobre 1710. Il mourut le 8 mars 1737.

— Maria-Teresa de Mello, religieuse de l'ordre de Sainte-Claire de Lisbonne.

— Thérèse-Marie de Mello, religieuse de Sainte-Claire du couvent de Flamegas, dont elle fut abbesse.

— Don Jayme de Mello, né le 1ᵉʳ septembre 1684, devint duc par la mort de son père.

Le roi Pierre II, en l'année 1704, le fit de son conseil d'État, 3ᵉ duc de Cadaval, 5ᵉ marquis de Ferreira, 6ᵉ comte de Tentugal, seigneur de toutes les villes, commanderies, ordres qu'avait son père, grand écuyer du roi Jean V et président de la Chambre du Conseil, le 1 octobre 1713.

Il y entra en 1715 et exerça vingt et un ans.

Grand chambellan de la reine Marie-Anne d'Autriche le 13 février 1739, ayant dans son brevet le pas sur tous les officiers de la cour. Il mourut le 29 mai 1749.

Il se maria, le 16 septembre 1702, à dame Louise, fille légitime du roi Don Pèdre, veuve de son frère le duc Louis, qui mourut le 13 décembre 1732 sans laisser de successeurs.

Il se maria en deuxièmes noces avec la princesse Henriette-Julie-Gabrielle de Lorraine, sa cousine, appelée Mlle de Braine, qui était née le 3 octobre 1722, et avec laquelle le prince Charles de Lorraine, grand écuyer du roi Louis XV de France, se maria pour lui par procuration.

Elle était fille de Louis de Lorraine, prince de Lambescq, comte de Brionne et de Braine, grand sénéchal héréditaire de Bourgogne, gouverneur de l'Anjou et de la princesse Jeanne-Henriette-Marguerite de Durfort, fille de Henri de Durfort, duc de Duras.

De ce mariage vint :

— Don Nûno Gaëtan Alvarez Pereyra de Mello, né le 17 novembre 1741, comte de Tentugal, qui fut baptisé au palais dans l'oratoire de la reine, le 3 janvier de l'année suivante, par le très-éminent cardinal-patriarche, ayant pour parrains : LL. MM. le roi Jean V et la reine Anne-Marie.

Étaient présents, les très-puissants seigneurs, le prince du Brésil, et l'infant don Antoine ; sa tante Anne de Lorraine, cameirera mayor, le tenait sur ses bras.

Il succéda à son père et fut nommé 4ᵉ duc de Cadaval, par lettre en date du 9 juillet 1749, 6ᵉ marquis de Ferreira, 7ᵉ comte de Tentugal et commandeur de toutes les commanderies qu'avait son père.

— Dona Jeanne-Gaëtane de Lorraine, née le 9 septembre 1743, baptisée dans l'oratoire de la reine, le 3 octobre de la même année, par le cardinal-patriarche.

Étaient ses parrains : le roi et la reine, en présence du prince du Brésil. Elle mourut le 20 septembre 1745, et est enterrée dans le monastère de Saint-Albert, dans la chapelle de Sainte-Thérèse, patronne de sa famille.

— Dona Marguerite-Gaëtane de Lorraine, née le 15 juillet 1745, baptisée dans le palais du roi, le 18 juillet, par le cardinal-patriarche, de la même manière que ses frères et sœurs, ayant pour parrains l'infant don Pèdre et la princesse da Beïra.

— Dona Louise-Gaëtane de Lorraine, née le 15 décembre 1747, et baptisée par le cardinal-archevêque.

Ses parrain et marraine furent le roi et la reine.

Son mariage était arrêté avec son cousin, Joseph-Marie de Lancastre, 6ᵉ comte de Villa-Nova, commandeur de l'ordre d'Aviz.

Le duc eut comme enfants naturels :

— Don Jayme et dona Marguerite, qui moururent jeunes.

— Dona Marguerite de Mello, née le 16 février 1711, et morte de la petite vérole, le 7 janvier 1728.

— Don Louis de Mello, né le 11 novembre 1712, et mort le 22 octobre 1722.

— Eugénie de Mello, née le 14 septembre 1715, religieuse du monastère de l'Espérance, de Lisbonne, morte le 12 septembre 1752.

— Anne-Catherine de Mello, née le 25 novembre 1716.

— Nûno-Alvarez Pereyra de Mello, né le 15 février 1720, cheva-lier de l'ordre du Christ, député du saint office à l'inquisition de Lis-bonne ; le duc, son père, lui donna la prérogative de sa maison.

— Don Pedro de Mello, mort jeune.

— Don François de Mello, né en 1721, mort la même année.

— Don Théodose de Mello, né en 1722, mort la même année.

— Isabelle de Mello, née le 31 avril 1723, religieuse de l'ordre de Notre-Dame-de-la-Conception de Luz.

— Dona Jeanne de Mello, née le 28 novembre 1724, morte le 24 septembre de l'année suivante.

— Rodrigue de Mello, né le 15 septembre 1726, clerc régulier de Saint-Gaëtan.

— Manoël de Mello, né le 17 août 1728, clerc régulier de Saint-Gaëtan.

— Dona Maria de Mello, née le 31 mars 1730, religieuse du monas-tère de Notre-Dame-de-la-Conception de Luz.

— Léonore de Mello, née le 17 mars 1732, et morte jeune.

— Alvarez de Mello, né le 24 octobre 1734,

— Joseph de Mello, né en 1738, tous deux religieux au couvent de Thomar, où ils entrèrent en 1750.

Don Nûno-Gaëtan-Alvarez Pereyra de Mello succéda à son père, le duc don Jayme de Mello, 3e duc de Cadaval, 5e marquis de Ferreira, 6e comte de Tentugal, le 24 mai 1749.

Il fut nommé 4e duc de Cadaval, par lettre en date du 9 juillet 1749, 6e marquis de Ferreira, 7e comte de Tentugal, et seigneur de toutes les commanderies et États de son père.

Il se maria, le 22 mars 1776, avec sa cousine Caëtane-Josephine de Mello, Almeida et Albuquerque.

De ce mariage vinrent :

— Don Nûno-Alvarez-Gaëtan-Pereyra de Mello, né le 3 novembre 1777 et baptisé dans l'oratoire de la reine, le 17 novembre de la même année, en présence du roi et de la reine, du prince du Brésil, de tous les ministres, par le patriarche-cardinal.

— Dona Josefa-Joaquina de Mello, Almeida et Albuquerque, née le 15 septembre 1779, baptisée dans l'oratoire du palais de la reine, le 21 octobre de la même année, en présence du prince et de la princesse du Brésil, par l'archevêque de Lisbonne.

— Dona Caëtana-Antonia de Mello, Pereyra et Albuquerque, née le 27 janvier 1782, et baptisée à la cathédrale de Lisbonne, le 8 février de la même année, par l'archevêque de Lisbonne, ayant pour parrains :

José-Tellez da Sylva, 6e comte de Villar-Mayor, 5e marquis d'Allegrète, et dona Antonia Leyte de Souza et Mello, sa tante maternelle.

Elle mourut le 7 février 1791, de la petite vérole.

Le duc Gaëtan était seigneur des villes de Buarcos, Povoa de Sainte-Christine, Tentugal, Villa-Nova de Ancos, Rubaçal, Arega, Alvagazère, Penacova, Mortagoa, Pereyra de Aves, Vilhalva, Villa-Ruiva, Albergaria, Agoa de Peixes, Cadaval, Cercal-Peral, Noudar et Barrancos; alcade mayor des villes et des châteaux d'Olivença; comman-

deur des commanderies de Sainte-Isidore, de Sainte-Marie de Marmei-
leiro, Saint-Matthieu de Sardoâl, Saint-André de Moraës, de l'ordre
du Christ, et de Santiago, d'Aviz, du Conseil d'État et de guerre, capitaine général de cavalerie de la province de l'Alemtejo.

Il fut nommé grand chambellan du roi, et mourut dans les faveurs,
le 29 février 1799, à l'âge de 58 ans.

Don Nûno-Alvarez Pereyra de Mello, succéda à son père le 29 février 1799, et fut nommé 5ᵉ duc de Cadaval, 7ᵉ marquis de Ferreira,
8ᵉ comte de Tentugal, par lettre en date du 5 mai de la même année,
et seigneur de toutes les villes et commanderies qu'avait son père.

Jean de Mello, illustre par sa naissance, se rendit plus illustre encore par ses vertus. Il vint au monde à Evora, en péril de mort, dans
le palais de son père, rue d'Alconchel; dans cet état on le baptisa de
suite, supprimant toutes les autres cérémonies.

Son père, Georges de Mello, était commandeur de Saint-Pierre-de-
Gulfa, nommé après grand-maître des cérémonies du roi Jean IV, par
brevet du 2 avril 1644, et ministre de la maison de la reine dona
Luisa.

Ses aïeux tirent leur origine : d'un côté, de Rodrigue-Alfonse de
Souza, seigneur d'Arrayolos et Pavia, rico-homme du roi don Pèdre 1ᵉʳ,
descendant de dona Diniz, fille du roi Alfonse III, et, d'un autre
côté, de Martin-Alfonse de Mello, d'où vient la maison actuelle de
Cadaval.

Dona Isabelle de Lorraine, qui mourut le 26 novembre 1699, fille du duc don Nûno-Alvarez Pereyra de Mello et de sa deuxième femme, la duchesse Marie-Angélique-Henriette-Catherine de Lorraine, fille de François de Lorraine, comte d'Harcourt, se maria avec Rodrigue-Anne de Sa Menesès, marquis de Fontès.

Dona Maria-Anna de Castillo-Branco, Freyte et Sampayo, née le 25 décembre 1664, fille de Manuel-Joseph de Sampayo, 10e seigneur de Villa-Flor, Chacim et autres terres, alcade mayor de Moncorvo, commandeur de l'ordre du Christ, qui servit dans la guerre avec valeur, et fut maître de camp des armées du roi, et de dona Louise Continho, fille de Nûno Mascarenhas Banha, seigneur de Palma, et de dona Britès Continho de Castillo-Branco,

Se maria :

Avec François de Mello, grand veneur du royaume; commandeur de Sainte-Marie de Anchete, de Saint-Pierre de Ladroëns, et de Sainte-Marie de Gulfa ; fils héréditaire de Pierre-Joseph-François de Mello, intendant de la maison de la reine, commandeur de l'ordre du Christ, de Sainte-Marie de Anchete et de Gulfa, le 16 janvier 1689.

De ce mariage vinrent :

—Joseph-Antoine-Bernard de Mello-Sequeira, né le 7 février 1693.

— Anne-Marie de Castillo-Branco et Sampayo, née le 13 juin 1704.

— Joséphine-Antonia de Mello, Freyte et Sampayo, née le 25 avril 1710.

Joséphine-Antonie de Mello, Freyte et Sampayo, fille de François de

Mello, grand veneur du royaume, et de dona Maria-Anna de Castillo-Branco, Freyte et Sampayo, se maria le 25 juin 1730, avec François Banha-Sequeira-Continho, seigneur de Guarda, commandeur de Saint-Martin-de-Pinhel, de Sainte-Marie de l'archevêché de Brague, tous de l'ordre du Christ; gentilhomme particulier du roi, né le 3 novembre 1701.

De ce mariage vinrent :

— Joseph-Antoine de Mello-Sequeira, né le 2 août 1732.

— Joseph-Bernard de Mello-Sequeira, né le 28 mai 1734.

— Joséphine-Françoise de Mello, Freyte et Sampayo, née le 27 juin 1730, morte l'année suivante.

Joseph-Antoine de Mello-Sequeira succéda le 23 septembre 1760, par la mort de son père, à ses charges, titres et commanderies, dont il n'avait été, jusqu'alors, qu'adjudant.

Il fut maître de camp des armées du roi, et colonel de la cavalerie de la province da Beira-Alta.

Il mourut le 9 septembre 1786.

Joseph-Bernard de Mello-Sequeira, né le 28 mai 1734, se maria, en 1758, avec Anne-Louise de Araujo, Teixeira, Bacelar et Lacerda, native de Moncorvo, le 2 juin 1740, fille de Antonia-Josefa Teixeira de Magalhaëns-Lacerda, de la province de Beira, descendant par la ligne masculine de Pero Coelho, ou Pierre-Anne Coelho, fils de Soarès Coelho, et aïeul de Pierre Coelho, qui tua Inès de Castro, et de Narcisse Borgues de Araujo-Bacelar, capitaine du camp des armées du roi, de son Conseil, en la province da Beira, chevalier porte-étendard de l'ordre du Christ, né. à Moncorvo, descendant de Rodrigue-Anne de Cerveira, seigneur du domaine de Cerveira, situé dans la paroisse de de San-Payo de Ponsada, dépendante de celle de Brague, dont la moitié appartenait à Gonzalo de Araujo de Cerveira, successeur de Rodrigue-Anne de Cerveira.

De ce mariage vint :

— Dona VICENSIA-LUISA-VICTORINA, baptisée le 7 du mois de septembre 1773, en l'église de Saint-François de Moncorvo; MÈRE DE CONSTANTIN J. MARQUÈS DE SAMPAYO ET MELLO.

Dona Marianna-Joaquina de Mendoça, née le 25 novembre 1698, de dona Catarina de Menesès, et de Philippe de Souza, capitaine de la garde des rois don Pèdre et Jean V, se maria avec don Antoine-Joseph de Mello, fils héréditaire de Pierre-Joseph de Mello, intendant de la maison de la reine Marceline d'Autriche, commandeur de Sainte-Marie-de-Anchete, de Saint-Pierre de Ladroëns et de Sainte-Marie de Gulfa.

Elle eut pour enfants :

— Don Pedro-Joseph de Mello, né le 31 novembre 1732, et qui fut religieux de Saint-Dominique.

— Catherine-Joséphine de Mello, née le 24 avril 1730 et morte l'année suivante.

— Philippe-Joseph de Mello, né le 13 novembre 1735.

— Jean-Joseph de Mello, né le 10 août 1737.

— Dona Maria-Rosa-Josefa de Mello, née le 30 août 1738, religieuse de l'Espérance de Lisbonne.

— Joseph de Mello, né le 20 septembre 1789.

— Joseph-Antoine de Mello, né le 16 août 1740, chevalier de Malte.

— Louis-Joseph de Mello, né le 3 septembre 1741.

— Thomas-Joseph de Mello, né le 20 septembre 1742, chevalier de Malte.

ALLIANCES DE LA MAISON DE MELLO

Antoine Tellez de Sylva, né le 26 août 1686, général des armées du roi, gouverneur de la province de l'Alemtejo, du conseil de guerre, et gouverneur de la place de Saint-Julien-de-Barré, se maria le 30 octobre 1702, avec dona Teresa-Josefa de Mello, fille héritière de François de Mello, seigneur de Filcaro, commandeur des commanderies de Saint-Martin-de-Pinhel et de Saint-Pierre-de-Gouveas, de l'évêché de Viseu et de Sainte-Marie, de l'archevêché de Brague, tous de l'ordre du Christ ; qui occupa diverses fonctions dans la guerre, et dernièrement fut maître de camp général des armées du roi, gouverneur des places da Beira et mourut en mars 1719,

Et dona Inès-Francesca de Tavora, fille dedon Diego de Menesès.

De ce mariage :

—François de Mello, né le 2 septembre 1706, commandeur de Saint-Pierre-de-Gouveas, de Saint-Martin-de-Pinhel, de l'ordre du Christ; capitaine et adjudant des ordres qu'avait son père.

Il mourut le 18 avril 1752, et se maria le 23 janvier 1732 avec Isabelle-Joséphine Breiner de Menesès, dame d'honneur de la reine, fille de Don Diego de Menesès, grand écuyer de la reine Anne d'Autriche, et de sa femme Dona Maria-Barbara, comtesse Breiner, dame d'honneur de la même reine.

De ce mariage :

— Maria-Barbara de Mello, née le 12 mars 1733 et morte enfant.

— Antoine-Joseph de Mello, né le 7 avril 1734.

— Diego-Joseph de Mello, né le 7 février 1736, et pensionnaire du collége royal de Saint-Paul.

— Ferdinand-Joseph de Mello, né le 2 juin 1740.

— Maria-Antonia, née le 13 juin 1737 et morte le 10 avril 1738.

— Teresa-Josefa de Mello, née le 10 janvier 1739, dame de la reine Marie-Victoire.

— Inès-Josefa de Mello, née le 10 janvier 1742.

— Joseph de Mello, né le 14 janvier 1745.

— Dona Maria-Josefa de Mello, née le 11 mars 1748.

Dona Viollante-Josefa de Mello, née le 25 septembre 1710, se maria, le 25 septembre 1724, avec Xavier-Fernand de Miranda-Henriquez, commandeur des commanderies de Saint-Julien-de-Lobano, Saint-André-de-Lever, et de Sainte-Marie, de Sainte-Eulalie-de-Balazar, toutes de l'ordre du Christ.

De ce mariage :

— Louis-Joseph-Xavier Henriquez de Miranda, né le 28 septembre 1726.

— Thérèse-Joséphine-Xavier de Mello, né le 25 septembre 1725.

— Joseph-Xavier Henriquez de Miranda, né le 8 janvier 1728.

— Marie-Joséphine-Xavier de Miranda, née le 16 janvier 1729.

— Antoine-Xavier-Joseph de Miranda, né le 28 décembre 1729.

Manoël Tellez da Sylva, né le 6 février 1682, 3ᵉ marquis d'Allegrète, 4ᵉ comte de Villar-Mayor, du Conseil du roi, gentilhomme de la chambre du roi Jean V, se maria le 8 septembre 1698 avec Eugénie-Rose de Lorraine, fille du duc de Cadaval, Nûno-Alvarez Pereyra de Mello, et de sa troisième femme, la duchesse Marguerite de Lorraine.

Louis-Bernard-Alvarez de Tavora, né le 2 avril 1676, 5ᵉ comte de Saint-Jean, colonel d'infanterie, général d'armée, puis maître de camp général, enfin général de la cavalerie, se maria, le 20 août 1695,

Avec Anne de Lorraine, fille de Nûno-Alvarez Pereyra de Mello, duc de Cadaval.

CONSANGUINITÉ

DES MELLO ET DES D'ASSUMAR.

CONSANGUINITÉ DES MELLO ET DES D'ASSUMAR.

Assumar est une ville de la province de l'Alemtejo, de laquelle le roi Philippe IV, pendant qu'il était maître du royaume de Portugal, créa comte, par lettre datée de Madrid, le 30 mars 1636, François de Mello, de son Conseil d'État, et qui, depuis, fut marquis de Ilhescas en Castille; il était fils de Constantin de Bragance, tige de la maison de Ferreira.

Le roi Pierre II fit comte de ladite ville Pierre d'Almeida, quand il partit pour être vice-roi des Indes, par lettre en date du 11 avril 1677, qui existe à la chancellerie du royaume (livre XXXI, folio 357).

Le titre de la maison d'Almeida vient de la ville d'Almeida, de la province da Beira, qui fut gagnée sur les Maures par Payo Gutterès, fils de Sueiro Paës, et petit-fils de Pélage, qui fut compagnon du comte don Henrique, et qui passa avec lui en Espagne, où il se maria avec Monime Gutterès.

Resté veuf, il se retira du monde, et fut l'un des fondateurs de la maison de Cîteaux.

De ce seigneur, dit le docteur Bernard de Brito, dans la chronique de Cîteaux (livre V, chapitre VI), vient la famille d'Almeida, jusqu'à Ferdinand-Alvarez d'Almeida.

D'un document provincial du couvent d'Aguia da Beira, recueilli par le très-savant Martinho de Mendoça de Pina, il résulte que quelques seigneurs de la province da Beira, appartenant à la maison de Mello, passèrent dans celle d'Almeida, avant le roi Jean Ier, entre autres Mosem d'Almeida, qui servit en Aragon, du temps du roi don Duarte, dont les descendants étaient parents du grand dón François d'Almeida, tous ensevelis dans la chapelle de sépulture des Mello.

De cette circonstance, on peut tirer cette conséquence, que les d'Almeida ont la même origine que les Mello.

On voit, du reste, beaucoup de familles qui viennent de la même souche porter des noms différents.

COMTES DE SAN-LOURENÇO

COMTES DE SAN-LOURENÇO (1).

Le comte da Sylva, gouverneur et capitaine général de l'État du Brésil, grand justicier, commandeur de Pentalvos et de San-Lourenço, dans l'ordre du Christ, mourut le 25 octobre 1656.

Sa fille, Madeleine da Sylva, son héritière, et comtesse de San-Lourenço, se maria avec Martin-Alfonse de Mello, alcade mayor d'Elvas, et ceux qui ont suivi descendent de cette famille.

La ligne masculine est de Mello, car c'est de la maison d'Olivença qu'est venue la ligne des comtes de San-Lourenço.

Martin-Alfonse de Mello, seigneur de Ferreira de Aves et autres nombreuses terres, garde d'honneur de la personne du roi Édouard, un des grands seigneurs du temps, se maria avec Françoise de Villena, qui était l'héritière de Ruy-Fraz, grand huissier du royaume, et de ce mariage vinrent :

— Don Rodrigue de Mello, 1er comte d'Olivença, duquel descend la maison des ducs de Cadaval.

— Don Manuel de Mello, alcade mayor de Taveira et d'Olivença, grand écuyer du roi Jean II, de son Conseil d'État, capitaine général et

(1) Lieu dont le comte Pedro da Sylva fut créé seigneur, par lettre en date de Madrid, le 26 juin 1640, déposée dans les archives de cette année (livre V, folio 69).

gouverneur de Tanger. Il se maria avec dona Britès da Sylva, fille de Jean da Sylva, seigneur de Vagos.

De ce mariage :

—Don Ruy de Mello, alcade mayor d'Elvas, qui, de sa femme, Guiomar de Mello, eut Antoine de Mello, alcade mayor d'Elvas, qui se maria avec Isabelle de Menesès, qu'on appelait la belle des belles, dame de la reine Isabelle, femme du roi Alfonse V, et depuis camerera mayor de la princesse Jeanne, sa fille.

De ce mariage :

— Antoine de Mello, qui fut alcade mayor d'Elvas et commandeur de Madeleine d'Elvas, de l'ordre du Christ.

Il se maria deux fois :

1° Avec Isabelle de Villena, de laquelle il eut Marie de Villena, qui se maria avec don Sanche de Lacerda, marquis de Laguna, en Castille, deuxième fils du duc de Medina-Cœli.

2° Avec Marguerite da Sylva, fille de Ferdinand da Sylva, alcade mayor de Sylves.

De ce mariage :

— Martin-Alfonse de Mello, qui fut comte de San-Lourenço, un des 40 électeurs du roi Jean IV, seigneur de la ville d'Obispo et des terres de Sagres, Elvas, alcade mayor de ladite ville ; commandeur de Madeleine d'Elvas, de Santiago-de-Loboa, de Santiago-de-Pentalva et de Rio-Torto ; gouverneur des armées de la province de l'Alemtejo, des Conseils d'État et de guerre, contrôleur des finances, gentilhomme de la chambre du prince régent don Pèdre ; il servit avec réputation et rendit son nom célèbre dans l'histoire.

S'étant retiré chez lui, il mourut à Lisbonne le 31 juillet 1671, s'étant marié avec sa cousine Madeleine da Sylva, dame du comté de San-Lourenço, fille héritière du premier comte de ce nom.

De ce mariage :

— Pedro da Sylva.

— Louis de Mello da Sylva.

— Manuel de Mello, qui fut général et mourut à la guerre.

— Jean de Mello, seigneur de Bellas, qui mourut le 29 septembre 1699.

— Louis de Mello, 3ᵉ comte de San-Lourenço, seigneur de la famille et commandeur des ordres de son père, de San-Salvador, de Jeanne dans l'ordre du Christ, contrôleur de la maison de la reine; il se maria avec Filippe de Faro, morte le 16 février 1702.

— Martin-Alfonse de Mello, 4ᵉ comte de San-Lourenço.

— Rodrigue de Mello.

— Jeronyme de Mello, qui mourut enfant.

— Manuel de Mello, qui, destiné à entrer dans l'ordre ecclésiastique, eut le goût des armes et servit dans la guerre de Castille, et eut divers grades; il fut brigadier général de cavalerie, et, en dernier lieu, fut nommé maréchal de Portugal le 20 décembre 1743.

— Dona Leonor-Maria de Mello-Faro, qui se maria avec Antonio de Castillo-Branco, 2ᵉ comte de Pombeiro.

— Madeleine de Mello, morte jeune.

— Guiomar de Mello-do-Deserto, religieuse de l'Espérance de Lisbonne.

Martin-Antoine de Mello, 4ᵉ comte de San-Lourenço et seigneur de toute la maison de son père, servit à la guerre et fut mestre de camp, lieutenant général de la cavalerie de l'Alemtejo, gouverneur et capitaine général du royaume des Algarves.

Il mourut à Lisbonne le 24 février 1718, sans laisser de successeurs.

Il s'était marié avec la comtesse Madeleine de Lima, fille de Jean de Lima, vicomte de Villa-Nova-da-Cerveira, dame de la reine Marie-Sophie, qui mourut le 4 août 1739.

Rodrigue de Mello fut pensionnaire du collége royal de Coïmbre, maître de l'école de Santarem et archidiacre de Neiva.

Laissant la vie ecclésiastique, il succéda au titre de sa famille par la mort de son frère, le comte Martin-Antoine, comme 5ᵉ comte de San-Lourenço, gentilhomme de la chámbre de l'infant don Antoine, et député à la junte des trois États, alcade mayor d'Elvas; commandeur de San-Salvador, de Jeanne, de San-Lourenço de Siladeiro, Soulo, Alaya de Pentalvos, Santiago de Loboa, Saint-Paul, et de la terre de Alfarolla et d'Elvas ; seigneur du Morgado de Monchique, protecteur du monastère des religieux de la même ville.

Il mourut le 19 septembre 1725, s'étant marié, le 7 février 1720, avec Marie-Rose de Lancastre, morte le 19 septembre 1748, fille de Vasco-Fernand-César de Menesès, comte de Sabrigoza, et de sa femme Julienne de Lancastre.

De cette alliance :

— Anne de Mello, née le 20 avril 1725, qui fut 6ᵉ comtesse de

San-Lourenço et dame de toute la maison ; administrateur des commanderies de son père ; elle mourut le 23 juin 1744.

Elle se maria, le 5 mars 1742, avec Jean-Joseph-Aubert de Noronha.

De ce mariage :

—Antoine-Marie de Mello, né le 31 janvier 1743, 7e comte de San-Lourenço.

COMTES DA PONTE

COMTES DA PONTE (1).

La ligne masculine de cette famille vient d'Espagne ; sous le règne du roi Jean III, passèrent en Portugal deux seigneurs de ce nom, savoir : Diogo de Torrès, petit-fils de don Diogo de Torrès, qui vivait à Jaën, près de Malaga, et qui épousa Jeanne de Cordova.

Diogo de Torrès, qui passa en Portugal, était marié avec Britès de Castille, fille de Hernando de Castille, naturel de Burgos, de laquelle il eut, entre autres fils, Alfonse de Torrès, qui fut commandeur dans l'ordre du Christ.

Il se maria avec Viollante de Mello, fille de Jean de Mello, alcade mayor de Castillo de Vide, de laquelle il eut, entre autres fils, Garcia de Mello et Torrès, qui fut le 5ᵉ chevalier de l'ordre du Christ, capitaine général de l'ordre du roi, contrôleur des finances des colonies de l'Inde ; il se maria avec Marguerite de Castro, de laquelle il eut :

— François de Mello et Torrès, 1ᵉʳ comte da Ponte, marquis de

(1) Ville de la province da Beira, de laquelle le roi Alfonse VI créa comte François de Mello et Torrès, par lettre en date du 16 mai 1661, déposée au livre XXIV, fᵒ 154 de la chancellerie.

Son titre fut donné, après serment, à son fils Garcia de Mello et Torrès. Ceci est constaté dans la même chancellerie, livre XXVI, fᵒ 107.

Saude de Lamego, par lettre du 13 avril 1662, inscrite au livre XXVII, f° 280, de la chancellerie.

Il fut général d'artillerie de la province de l'Alemtejo et servit avec une grande distinction ; ambassadeur extraordinaire en Angleterre, en l'année 1662; il se maria par procuration du roi Alfonse VI, en 1666, et pour lui, avec la princesse de Nemours, Marie-Françoise-Isabelle de Savoie, reine de Portugal ;

Il était commandeur de l'ordre du Christ, dans lequel il eut plusieurs commanderies ;

Seigneur da Ponte, alcade mayor de Tirena, des Conseils d'État et de guerre, il mourut le 7 décembre 1667; il fut grand par le talent et par le cœur.

Il se maria avec Léonore Manrique, fille héritière d'Alfonse Torrès, le célèbre généalogiste.

De ce mariage vint :

— Madeleine de Mendoça, qui se maria avec Louis de Saldanha Garcia de Mello et Torrès, 2ᵉ comte da Ponte, seigneur de la maison de son père, mort le 5 janvier 1703.

Il se maria avec Marie-Gaëtane de Menesès, fille du marquis.

Il eut de ce mariage :

— Antoine-Joseph de Mello, 3ᵉ comte da Ponte.

— Joseph de Mello, chevalier de Malte.

—François-Xavier de Mello, pensionnaire du collége de Saint-Pierre de Coïmbre.

—Antoine-Joseph de Mello, né le 13 juillet 1686, seigneur des villes da Ponte; commandeur des ordres de San-Salvador, de Tornellos et de Santiago dans l'archevêché de Brague.

Il se maria en 1703 avec Anne-Marie Coutinho, dame du palais, fille du marquis de Cascaës.

COMTES DE GELVÈS

COMTES DE GELVES (1).

Le nom de cette maison de Castro est des plus illustres et des plus antiques.

Martin de Castro, seigneur de Sanguinhedo et de Parada, alcade mayor de Melgaço et de Castro, auquel le roi Jean Ier accorda de grandes faveurs en 1402, se maria avec Leonor Gomez-Pinheyro, fille de Martin Lopez-Lobo ; il fut deuxième aïeul de Fernand de Castro, alcade mayor de Melgaço, frère de Jean de Mello, inquisiteur, évêque des Algarves, archevêque d'Evora, maître des justices du royaume, président du palais et de l'inquisition et de tous les tribunaux ; il mourut le 6 août 1674.

Fernand de Castro se maria avec Hélène de Esa, fille de Ferdinand de Esa, petit-fils de l'infant don Pèdre, fils du roi don Pèdre et de la reine Inès de Castro. Ferdinand de Esa se maria avec Marie Tellez de Menesès, sœur de la reine Leonor Tellez de Menesès, par laquelle il

(1) *Gelves* ou *Galveas,* ville de la province de l'Alemtijo, de laquelle le roi Pèdre II créa comte Denis de Mello-Castro, par lettre en date du 10 novembre 1691, qui est au livre XLIX de la chancellerie, page 372.

était le deuxième petit-fils de Pedro de Mello, commandeur de Monta-
lègre, de l'ordre du Christ, alcade mayor de Outeiro, contrôleur de la
très-illustre maison de Bragance.

MELLO - CASTRO

MELLO-CASTRO.

Pierre de Castro, châtelain de Melgaço, épousa Béatrix de Mello, fille de Jean de Mello, commandeur de Cazavel. Il en eut :

— Ferdinand de Castro.

— Martin de Castro, qui épousa Léonore da Sylva, fille de François Lopez Finoco, mort sans postérité.

— Jean de Mello de Castro, évêque des Algarves, archevêque d'Evora, chef du parlement de Lisbonne et du tribunal du dezembargo do Paco.

— François de Mello de Castro, châtelain d'Outeiro et commandeur de Montalegre.

— Marie de Castro, épouse d'Airès-Coëlho, seigneur de Felgueiras et de Vieira.

— Eléonore de Mello, épouse de Jean de Magalhaëns, seigneur da Barca.

Ferdinand de Castro V, châtelain de Melgaço, épousa Louise de Lacerda. — Ils eurent pour fils, Jérôme de Castro.

François de Mello, quatrième fils de Pierre, châtelain d'Outeiro et commandeur de Montalegre, épousa Béatrix d'Ourem, dont il eut :

⟶ Antoine de Mello-Castro.

— Thomé de Mello, gouverneur des Indes orientales, marié à Marie de Menesès.

— Pierre de Mello.

— Denys de Mello, évêque de Vieira, de Viseu et de Guarda, chef du parlement de Lisbonne.

Antoine de Mello-Castro, commandeur de Fornellos, et commandant une escadre pour les Indes orientales, fut tué par les Anglais à Sainte-Hélène.

Il épousa Mésie de Silveyra, fille de Melchior Serram.

Il en eut :

— François de Mello.

— Jean de Mello, capitaine de vaisseau.

— Louis de Mello, époux de Louise da Sylva, fille de Gaspard, dont la postérité n'existe plus.

François de Mello-Castro II, commandeur de Fornellos, dans l'ordre du Christ, épousa Isabelle d'Avranches, fille de Martin-Alfonse de Mello ; puis, en deuxièmes noces, Angèle de Mendoça, dont il eut :

— Antoine de Mello.

— Antoine de Mello-Castro, colonel d'infanterie, gouverneur général des Indes orientales, et ensuite vice-roi en 1663, d'où il retourna en Portugal en 1668, conseiller d'État.

Il épousa Anne de Castro, fille de Georges de Souza de Menesès, de laquelle il eut :

— François de Mello, tué à la guerre en 1640.

— Denys de Mello, commandeur de Fornellos, qui servit avec dis-tinction aux Indes orientales.

Il épousa Viollante-Casimire de Mendoça, fille de Pierre-Alvar Cabral de Lacerda, de laquelle il eut :

— Antoine de Mello-Castro, commandeur de Fornellos.

Il épousa Marie-Boniface de Villena, fille de Rodrigue da Costa, vice-roi des Indes.

Denys de Mello, deuxième fils d'Antoine, vice-roi des Indes, fut commandeur d'Alcacova, d'Elvas.

Il épousa Françoise de Tavora, fille et héritière d'Alvar de Miranda Henriquez, châtelain de Fronteira, dont il eut un fils, Antoine de Mello.

Antoine de Mello, commandeur d'Alcacova, le 2 juillet 1687, se maria avec Marie-Sophie-Élisabeth de Bavière, fille de Philippe-Guil-laume, duc de Neubourg, électeur de Bavière.

Il eut d'elle :

— Jean-François.

— Antoine-Bernard-Joseph-Benoît.

— François-Xavier.

— Antoine-Urbain, né le 25 mars 1691, prieur de Crato, mort le 21 juillet 1742.

— Antoine-François-Xavier, né le 15 mars 1695.

— Emmanuel, né le 3 août 1697.

Il laissa aussi des enfants naturels, entre autres Louise, morte sans enfants, à Lisbonne, le 23 décembre 1732, mariée : 1° en mai 1695, à Louis-Ambroise de Portugal de Mello, de Ferreira, duc de Cadaval ; 2° le 16 septembre 1702, à James de Portugal de Mello, aussi duc de Cadaval, frère de son premier mari.

DIVERSES FAMILLES

CE QUE SONT DEVENUES LES FAMILLES CI-APRÈS.

Noms anciens.	Origine.	Noms actuels.	Observations.
FERREIRA.	Le roi don Manoël.	Ducs de CADAVAL.	
TENTUGAL.	Le roi don Manoël.	Ducs de CADAVAL.	
OLIVENÇA.	Mello.	Ducs de CADAVAL.	
TOR DE LA GUNA.	Ilhescas en Castille.	Éteint.	Titre donné par le roi Philippe IV à François de Mello, comte d'Assumar, fils de la maison des marquis de Ferreira.
ASSUMAR.	Mello, maison de Bragance, marquis de Ferreira.	ALMEIDA.	
MONCORVO.	Pereyra.	DA FEIRA.	Titre donné par Alfonse V.

ADDITIONS

ADDITIONS.

Jéronyme de Bourbon, fille de don Antoine da Sylveira et Albuquerque, Mexia, et de Inès de Lancastre, fille de Louis de Castro,
grand amiral de Portugal, se maria avec François-Joseph de Sampayo, 11ᵉ seigneur de Villa-Flor, Chacim et autres villes, alcade
mayor de Moncorvo, commandeur de l'ordre du Christ, vice-roi dés
Indes, où il mourut le 13 juillet 1723, étant parti de Lisbonne le
13 avril 1720.

De ce mariage :

— Manuel-Antoine de Sampayo, né le 12 juillet 1699, 12ᵉ seigneur de Villa-Flor et de toutes les autres terres qu'avait son père.

Il mourut le 8 juin 1746, s'étant marié le 3 septembre 1713 avec
Victoire de Bourbon, dame du palais.

De ce mariage :

— François-Joaquim de Sampayo, né le 4 avril 1714, mort le 16
février 1726.

— Dona Jeanne-Antoine de Sampayo, née le 31 mai 1716, qui se maria avec Antoine de Souza-Macedo.

De ce mariage :

— Louis-Antoine de Sampayo, né le 18 octobre 1737.

— Jéronyme de Sampayo, morte au berceau.

— Antoine de Sampayo, né le 26 avril 1740.

— Marie-Isabelle de Sampayo et Lima, née le 1er octobre 1741.

NOBILIAIRE GÉNÉRAL DE L'EUROPE

TOMES X, XI, XV

4e SÉRIE.

ARCHIVES DES FAMILLES NOBLES DE PORTUGAL

COELHOS.

Ils proviennent de Egas Moniz, précepteur-gouverneur du roi Alfonse-Henrique, dont la ligne masculine provenait de don Gonzalo Moniz, gouverneur de Coïmbre, Feïra et Porto, et de la province d'Entre-Douro, dans le temps du roi Ramirez III.

Son aïeul, Soeiro Vieigas, fut le premier qui reçut le surnom de Coelho, qui devint alors l'appellido de la famille.

Ils ont pour armes en champ d'or :

Un lion de pourpre ; la bordure est bleue, avec sept lapins d'argent.

Les armes ci-dessus provenaient à Egas Moniz, des rois de Léon, ses aïeux.

La descendance de cette famille existe dans celle des seigneurs de Felgueiras et Vieira, dans la province d'Entre-Douro-et-Minho, et dans d'autres familles encore.

En Castille, il y a une famille de Montalvo, à qui Egas Coelho a donné naissance, lorsqu'il passa dans ce royaume, au temps du roi Jean Ier. Les personnes de ce nom ont pour armes, en champ d'argent, un léopard bleu, orlé de croix d'or, comme les Alcantara l'ont sur champ blanc.

Tous les princes chrétiens de l'Europe appartiennent à cette famille, comme descendant de la comtesse Leonor de Alvim, femme du grand connétable Nûno Alvarez de Mello, qui était nièce d'Estève Coelho, et cousine de Pierre Coelho, qui fut l'instrument de la mort d'Inès de Castro, de sorte que les vrais Coelhos peuvent dire avec vérité :

« Nos à sanguine regum venimus ; et nostro veniunt à sanguine reges. »

Nicolas Coelho, compagnon de Vasco de Gama, dans la campagne de l'Inde, reçut du roi don Manuel pour armes :

Sur champ vermeil, un lion rampant d'or, entre deux colonnes d'argent, posées sur deux petites élévations de terre verte, et sur chacune des deux colonnes un petit écu bleu, comme las Quinas de Portugal.

Au pied de l'écu était un navire en mer.

Le sommet de l'écu était un lion, avec une des colonnes de l'écu dans les pattes.

Les Coelhos Aranhas ont pour armes, sur champ d'argent, une barre vermeille avec des points noirs.

CORONEÏS.

Sur champ d'azur, cinq aigles d'or, en ligne ; celle du milieu couronnée avec une couronne d'or. Ils proviennent de Pierre Coronel, gendre de don Payo Guttere, dans le temps du comte don Henrique.

COUTINHOS.

De don Garcia-Rodriguez, rico-homme du roi don Alfonse-Henrique, descend un rameau de Fonsecas, qui prit le surnom de Coutinho, du domaine Couto de Léomil, conservant les mêmes armes des Fonsecas, qui sont :

En champ d'or, cinq étoiles, avec cinq pointes chacune;

Comme sommet d'écu, un léopard vermeil, avec une étoile sur l'épaule. Cette famille très-illustre a occupé et occupe les charges les plus élevées.

Elle a donné naissance aux comtes de Redondo et de Marialva. Dona Guiomar Coutinho, fille héritière de don François Coutinho, 4e comte de Marialva, épousa don Fernand, fils du roi Manuel.

Alvaro Gonzalès Coutinho, le grand chevalier, fils du maréchal Gonzalo Vaz Coutinho, rendit ce nom encore plus fameux, en délivrant, en combat singulier, la Flandre du joug de la France, pour rendre service à l'infante Isabelle, fille du roi Jean Ier, et femme de Philippe, duc de Bourgogne et comte de Flandre.

FERREIRAS.

Ils ont pour armes, en champ vermeil, quatre fasces d'or ;

Pour sommet d'écu, une autruche de couleur naturelle, avec une petite serrure d'or dans le bec.

Ruy Pirès, petit-fils de Fernand Gérémias, un des gentilshommes qui vinrent en Portugal avec la reine dona Thérèse, fut le premier qui porta le nom de Ferreira, du domaine de Ferreira de Aves, dont il était seigneur.

Il fut le fondateur de la famille. Les Ferreiras de Herrera, en Castille, ont pour armes, en champ vermeil, deux chaudières d'or.

GOES.

Ils descendent de don Aniam de Estrada, un des compagnons du comte don Henrique; don Aniam était naturel des Asturies.

C'est un seigneur de Goës qui se maria à une Sylveira, et entra dans la famille des comtes de Sortelha.

Ils ont pour armes, en champ d'azur, six cadernes de croissants d'argent divisés en deux parties ;

Pour sommet d'écu, un dragon d'azur colorié de noir, avec une caderne des armes dans les griffes.

GUIMARAENS.

Ils descendent de Lourenço de Guimaraëns, qui s'appelait ainsi parce qu'il était né dans la ville de Guimaraëns, au temps du roi Alfonse V.

Ils ont pour armes : sur champ partagé en trois pals, sur le premier et sur le troisième, qui sont d'argent, couverts d'un filet noir.

Celui du milieu, rouge, avec un lion d'argent ombré de noir ;

Pour sommet d'écu, le même lion.

GUZMAN.

Est une des familles les plus illustres et étendues de l'Espagne.

Elle a donné naissance aux ducs de Medyna-Sydonia, aux comtes d'Olivarès, aux ducs de Medina de las Torres, aux marquis d'Ayamonte, aux comtes d'Orgas, aux comtes de Téba, aux marquis d'Ardalès, aux marquis d'Algaba, et autres seigneurs de grande noblesse.

Pour en donner une idée, il suffit de dire que le patriarche saint Dominique était de la famille de Guzman, et que ce sang si illustre vient de nos rois, et est celui de tous les princes chrétiens de l'Europe.

Ils ont pour armes un écu divisé en aspe, avec deux chaudières divisées en carreaux d'or et couleur de sang, sur champ bleu.

Dans les autres quartiers, cinq hermines noires sur champ d'argent.

LACERDA.

Ils descendent de don Fernand de Lacerda, petit-fils du roi Alfonse le Sage, de Castille. Ils ont pour armes un écu écartelé.

Dans les premier et quatrième écus, sont les armes de Castille et de Léon, qui sont : les premières, sur champ rouge, un château de trois tours d'or ;

Les deuxièmes, sur champ d'argent, un lion rouge.

Dans les cinquième et troisième écus sont les armes de France, qui sont sur champ bleu, trois fleurs de lis d'or, placées en triangle.

LOPEZ.

Le roi Alfonse V, père de dona Jeanne, sœur du roi Jean II, donna à Jean Lopez, gouverneur de cette princesse, les armes suivantes, en 1446 :

Sur champ bleu un palmier d'or, et dans ses branches un corbeau perché les ailes étendues ;

Pour sommet d'écu, le même corbeau volant avec un rameau d'olivier dans le bec.

Ceux qui descendent de Jean Lopez de Léon, père du docteur don Nûno Gonzalès de Léon, qui vivait du temps du roi Alphonse V, ont pour armes, sur champ d'argent, une croix bleue ; sur chaque bras de la croix, trois boules vertes entourées d'or.

MAGALHAENS.

Ils descendent de Alfonse-Rodrigue de Magalhaëns, seigneur du domaine de Magalhaëns ; ce gentilhomme fût le créateur de cette maison.

Il vivait dans la province d'Entre-Douro-et-Minho, au temps du roi don Diniz.

Les seigneurs da Ponte da Barça descendent de cette maison.

Les armes de cette famille sont un écu écartelé.

Les premier et troisième écus, sur champ d'argent, un arbre vert.

Les deuxième et quatrième écus, sur champ bleu, une croix à boules aux extrémités.

Pour sommet d'écu, l'arbre vert.

MELLOS.

Ils descendent, d'un côté, de don Pedro Framariz, contemporain du comte don Henrique.

Le domaine de cette famille est dans la province da Beira. Ils ont pour armes, sur champ rouge, six besants d'argent, entre une double croix, avec une bordure d'or.

Pour sommet d'écu, un aigle noir, ombré d'argent. Les descendants de cette maison sont les ducs de Cadaval, marquis de Ferreira, comtes de San-Lourenço, comtes da Ponte.

C'est dans cette famille que s'est conservée la charge de monteiro mayor du royaume.

Cette famille est, on peut le dire, la plus noble de Portugal. Elle est la souche de celle de Bragance, qui gouverne le Portugal.

MENESÈS.

Ils descendent de Pierre-Bernard de Sahagum, rico-homme du roi don Alfonse, surnommé l'Empereur.

Il était fils de Diègue Rodriguez, duc des Asturies, et de sa femme, l'infante Ximène, fille du roi Alfonse de Léon.

Il eut pour fils don Tel Perez de Sahagum, rico-homme du temps du roi don Alfonse, qui, pour les grands services qu'il lui rendit à la conquête de Cuença, et dans beaucoup d'autres occasions, lui donna beaucoup de terres, entre autres celle de Menesès, d'où est venu l'appelido qu'ont conservé ses descendants.

Les armes de cette famille sont : sur champ jaune, un anneau fermé;

Pour sommet d'écu, une vierge vêtue de vêtements d'or avec un écu dans les mains.

Cette famille est la souche, en Portugal, des marquis de Marialva, des comtes d'Ericeira et d'autres maisons illustres.

MORAES.

L'écu est en pal.

Le premier quartier est rouge, avec une tour d'argent ombrée de noir, recouverte d'or.

Au pied de la tour coule un ruisseau d'eau.

Le deuxième quartier est un mûrier avec des mûres vertes.

Comme sommet d'écu, le mûrier des armes.

Le berceau patronymique était Moraës, dans les environs de Bragance.

PINTOS.

Ils descendent de Jean Gracia de Souza, petit-fils de don Mendo, qui fut le premier qui porta le nom de Pinto.

De cette maison descendent les seigneurs de Ferreiros et Tendaës, et autres.

Ils ont pour armes cinq croissants de lune rouges ;

Pour sommet d'écu, un léopard d'argent, ombré de rouge, avec un croissant des armes sur l'épaule.

PEREYRAS.

Ils descendent du comte don Forjaz-Bermuez, petit-fils du comte don Mendo, frère de Désiré, dernier roi des Lombards d'Italie, et de sa femme Jeanne de Rome, fille du comte Raymond, qui, lui-même, était fils de Truëla, premier roi de Léon.

Son descendant, Gonzalo-Rodriguez Forjaz, pour des difficultés qu'il eut avec son roi, passa en Portugal au temps du roi Sanche Ier, qui le reçut bien.

Son petit-fils, le comte don Gonzalo Pereyra, fut un des seigneurs de Portugal, si riche et si puissant, qu'un jour, étant dans son domaine, il donna soixante-dix chevaux à des seigneurs ses parents et ses amis.

Le grand connétable Nûno-Alvarez Pereyra de Mello, le glorieux fondateur de la famille royale, fut son arrière-petit-fils.

D'autres de ses descendants donnèrent naissance à la maison da Feïra et à celle de Riba de Visela.

C'est du domaine de Pereyra, situé dans la terre de Vermium, que cette famille a pris son appellido.

Ils ont pour armes : sur champ rouge, une croix d'argent ;

Pour sommet d'écu, une croix rouge au milieu des gros bouts des deux ailes d'un ange.

Le premier qui usa de cette croix dans ses armes fut don Rodriguez Forjaz le Beau, après la bataille de Tolosa, en 1212.

Le jour de cette bataille, apparut au ciel une croix rouge, semblable à celle de Calatrava.

A cause de cet incident, beaucoup de gentilshommes ajoutèrent une croix à leurs armes, entre autres : les seigneurs de Reynoso, de Alarcam, de Tolosa, Seguro, Vilhelgas, Santoyo-Pantoja, Caro, Melgarejo, Romo, Villagomes, Medrano, Harguen–Aldrete, Arbolanche, Mariana, Maziariegos-Sotello, Româo, Orando, D'Aça, Caso, Lugo, etc...

Toutes ces familles ont la même croix dans leurs armes.

MESQUITAS.

Sur champ d'or, cinq ceintures rouges posées en long avec boucles et piquants d'argent, entourées d'une bordure bleue, avec sept fleurs de lis d'argent.

Pour sommet d'écu, un Maure, vêtu de bleu, ombré de noir, avec une zagaie dans la main, dont le fer est doré et le bois couleur nature.

Une banderole d'argent flotte après la zagaie.

OLIVEIRAS.

Ils descendent de Pierre d'Oliveira, qui fut le premier de ce nom; son fils, Martin Pirez d'Oliveira, archevêque de Brague, devint chef de la famille par la mort de son frère Mem Pirez de Oliveira, en l'année 1306.

Ils ont pour armes : en champ rouge, un olivier vert avec des fruits d'or et des feuilles d'argent;

Pour sommet d'écu, le même olivier.

Domingo Soarès de Oliveira, neveu de l'archevêque don André de Amaral, eut pour armes : en champ bleu, une aspe d'argent entre quatre fleurs de lis d'or;

Pour sommet d'écu, la même aspe des armes, avec une des fleurs de lis.

OSORIOS.

Ils descendent du comte Osorio de Campos, du temps du roi Alfonse VI de Léon.

Ils ont pour armes, deux loups de couleur pourpre, sur champ d'or. Le chef de cette famille est le marquis d'Astorga en Galice.

SAMPAYOS.

Ils descendent de Vasco Pirez de Sampayo, fils de Pierre-Alvarès Osorio, seigneur de la maison de Villalobos, comte de Transtamare, et premier marquis d'Astorga en Galice.

Étant venu en Portugal pour se battre en duel avec un seigneur puissant de ce royaume, il rendit de grands et nombreux services aux rois Ferdinand et Jean Ier, et on lui octroya les villes de Villa-Flor, Chacim, Mos, Anciaës, Villarinho et autres dépendantes, toutes de la juridiction de Tra-os-Montès, comme récompense.

Toutes ces terres appartiennent maintenant à ses descendants.

Il laissa de côté le nom de ses pères et prit celui de Sampayo, joint à Villa-Flor, où il établit d'abord sa demeure et où se voient encore les ruines de la maison qu'il a habitée.

Les armes de cette famille sont : un écu écartelé, les 1er et 4e quartiers, sur champ d'or, un aigle de pourpre, ombré de noir et les ailes étendues ;

Les 2e et 3e quartiers formés de petits damiers bleus et or, avec une bordure rouge, présentant des SS d'argent;

Pour sommet d'écu, l'aigle des armoiries.

SEQUEIRAS.

Ils descendent de Martin de Anaïam, fils de Anaïo de Estrada, qui était seigneur de Goës et suzerain du domaine de Sequeira, d'où est venu l'appellido à ses descendants.

Ils ont pour armes, en champ d'azur, cinq coquilles d'or, ombrées de noir;

Pour sommet d'écu, cinq panaches avec une coquille au milieu.

TAVORAS.

Ils proviennent de don Randenson, petit-neveu du roi Ramiro II de Léon, par la ligne de l'infant Alboazar Ramirez de Léon. C'est du château de Tavora, situé dans la province d'Entre-Douro-et-Minho, qu'ils ont tiré leur nom.

La famille se conserve dans la maison des comtes de Saint-Jean, marquis de Tavora.

Ils ont pour armes: en champ d'or, cinq fasces, d'azur, ondées d'eau;

Pour sommet d'écu, un dauphin de couleur naturelle, sur un petit tas de rameaux rouges, semés de fleurs de lis d'or.

Le marquis Luis-Alvarez de Tavora, dans l'écu qu'il fit poser au-dessus de la porte de sa maison de Mirandella, avait mis le dauphin entre deux vagues, avec ces deux mots:

« *Quascumque findit.* »

VIEIRAS.

Sur champ rouge, six coquilles d'or, en deux pals, rehaussées de noir ;

Pour sommet d'écu, une coquille des armes, entourée d'un cordon d'argent.

Belchior-Vieira de Ternate avait pris pour armes : sur champ rouge, un rempart sans portes, argent ombré de noir, à travers lequel apparaissait un bras vêtu de mailles, avec une épée à garde d'or ; au pied était une tête de Maure, peinte en noir ;

Pour sommet d'écu, le bras avec la tête.

VILLALOBOS.

Ils descendent du comte don Osorio de Campos, sous le règne du roi Alfonse VI.

Ils ont pour armes : en champ d'or, deux loups rouges courants, ombrés de noir ;

Pour sommet d'écu, un des deux loups.

Le marquis d'Astorga, en Galice, est seigneur de la maison de Villalobos.

VILLAS-BOAS.

Ils sont très-anciens et ont pris ce nom du domaine de Villas-Boas, près de Barcelos, de qui était seigneur Diego-Fernandez de Villas-

Boas, sous le règne du roi don Pèdre; et dans ce lieu se voient encore les ruines d'une tour dans laquelle il vivait.

Diego-Fernandez passa en Castille pour servir le roi don Pèdre, car la paix était en Portugal.

Il passa les frontières de Grenade (y laissant l'écu ancien de ses aïeux); il gagna par ses efforts la faveur du roi, qui lui permit l'usage des armes dont se servent ses descendants, et qui sont un écu écartelé.

Dans le 1er quartier, qui est rouge, est un château d'argent, de trois tours, avec leurs portes, ombré de noir.

Du milieu de la tour (celle du milieu) sort une branche verte.

Dans le 2e quartier, qui est bleu, est un dragon d'argent volant, ombré de rouge, avec le dos tordu.

Les 3e et 4e quartiers sont les mêmes, mais de sens inverse.

Pour sommet d'écu, le dragon des armes, avec un rameau de palme dans la gueule.

TABLEAU CHRONOLOGIQUE

Alvare de Portugal, comte de Tentugal et seigneur de Gelves.

Roderic de Mello, marquis de Ferreira, 1er comte de Tentugal, épousa :

1° Léonore d'Almeïda, fille de Antoine d'Almeïda, premier vice-roi des Indes. 2° Béatrix de Menesès, sa belle-sœur.	Isabelle de Castro, femme d'Alfonse de Soto-Mayor, quatrième comte de Delalcazar.	Béatrix de Villena femme de Georges de Portugal, duc de Coimbre.

Alvare de Mello et Portugal, mort avant son père ; Marie de Villena, fille de Jean, deuxième comte de Portalegre.

François de Mello, deuxième marquis de Ferreira, épouse Eugénie, fille de Jacob, quatrième duc de Bragance.

Alvare de Mello, seigneur de Erega, mort à la bataille d'Alcazar, en 1578, laisse veuve Marie de Alcaçova, fille de Carneiro de Alcacova, comte d'Idana.	Roderic de Mello, tué à la bataille d'Alcazar, en 1578, laisse veuve Catherine, fille d'Alfonse de Noronha.	Nûno-Alvarez Pereyra de Mello, troisième marquis de Ferreira, se marie avec Marianne de Castro, fille de Roderic de Moscozo, Osorio, quatrième comte d'Altamira.

François de Mello, quatrième marquis de Ferreira, comte de Tentugal, mort le 27 mars 1645, se maria : 1° avec Marie de Sandoval, fille de Lopo Moscozo, Osorio, cinquième comte d'Altamira ; 2° avec Jeanne Pimentel, fille d'Antoine, marquis de Tavora.	Roderic, archevêque d'Evora, créé en 1642.	Léonore de Mello se maria avec Emmanuel de Moura, deuxième marquis de Castel-Rodrigo, mort le 19 janvier 1641.	Jeanne de Castro, seconde femme de Maurice da Sylva, sixième comte de Portalegre, premier marquis de Gouvea.

Nûno-Alvarez Pereyra de Mello et Portugal, premier duc de Cadaval, cinquième marquis de Ferreira, comte de Tentugal, se marie :
1° Avec Marie de Faro, fille de François de Faro, comte d'Odemira, veuve du comte da Feira.
2° Avec Marie-Angélique-Henriette de Lorraine, fille de François, prince d'Harcourt.
3° Avec Marguerite de Lorraine, fille de Louis, comte d'Armagnac. — Théodose de Mello, mort en 1672.

Jeanne Pereyra de Mello, morte enfant.

Isabelle de Lorraine se maria avec Roderic de Saá Menesès, marquis de Fontès, mort en décembre 1699.

François et Catherine, morts petits enfants.

Jacob de Mello Pereyra, duc de Cadaval, épouse Louise, veuve de son frère, mort à Lisbonne en 1703.

Anne se marie à Antoine-Louis de Tavora, sixième comte de Saint-Jean.

Eugénie se marie à Emmanuel Tellez da Sylva, comte de Villar-Mayor.

Louis de Mello Pereyra, duc de Cadaval, meurt sans postérité, de Louise, fille naturelle de Pierre, deuxième roi de Portugal.

Alvare de Mello.

Colonne de droite

Philippe de Mello, fille et héritière de Roderic-Alphonse de Mello, comte d'Olivença.

Jeanne de Villena, deuxième femme de François de Portugal, comte de Vimioso.	Georges de Portugal, comte de Gelves.	Marie-Manuelle de Villena, femme de Jean da Sylva, deuxième comte de Portalegre.

Philippe de Villena, femme d'Alvare da Sylva, troisième comte de Portalegre.

Alvare de Mello.
Marie de Menesès, mariée à Constantin de Bragance, vice-roi des Indes.

Jean, évêque de Viseu.	Constantin de Mello et Bragance, chevalier et commandeur de l'ordre du Christ, prend pour première femme, Marie, fille de Ferdinand de Menesès ; pour seconde, Béatrix de Castro, fille de Garcie.	Jeanne, abbesse de Villa-Viciosa.	Joseph de Mello, archevêq. d'Evora.	François d'Almeida

François de Mello et Portugal, marquis de Vilhescas et de Tordelaguna, comte d'Assumar, vice-roi des Deux-Siciles, gouverneur de la Belgique, se maria avec Antonia de Villena, fille de Henri de Souza, premier comte de Miranda.	Jean de Mello, moine carmélite.	Alvare de Mello, chevalier de Malte, servit en Belgique sous son frère.	Ferdinand de Mello, grand veneur du roi.

Gaspard-Constantin de Mello et Portugal, deuxième marquis d'Ilhescas, et de Tordelaguna, comte d'Assumar, mort le 18 août 1683, se maria à Antonie Henriquez, fille de Garcie de Ribera, deuxième comte de Villambro.	Béatrix de Polonia de Villena, femme de Michel-Bernard de Heredia, marquis de Mora.	Mencia de Mello, mariée à Pierre de Zuniga et Cueva, troisième marquis de Florès-Davila.	Marie-Thérèse de Villena, femme de Coelho de Castille, premier marquis de Naval-Merquenda.

Jeanne-Fernande, femme de Bernard de Tavora, comte d'Alvor.

Roderic, mort jeune.

Joseph-François de Mello, troisième marquis d'Ilhescas.

TRADUCTION DE CARAMUEL

TRADUIT DE CARAMUEL.

AU PRINCE DE LA JEUNESSE, AU NOUVEL ESPOIR DE L'EUROPE EN PÉRIL, AUX DÉLICES DE LA PATRIE, A LA GLOIRE DES PÈRES, A JUPITER CHRÉTIEN, A GASPARD CONSTANTIN, L'AÎNÉ D'HERCULE MELLO.

Je veux, d'une main fidèle et sûre, proclamer, ô Constantin, les actions généreuses que vos aïeux ont faites pendant tant d'années, et les choses admirables que votre vertu et votre expérience enfanteront avant peu.

Alfonse XII, roi des Portugais, uni avec toi par les liens les plus resserrés du sang, conduit ma plume.

Les Azziliens, habitants d'Azzilla (Mauritanie tingitane), ayant été taillés en pièces, près du cadavre de Jean Coutinho, comte de Marialva, général intrépide de l'armée portugaise, votre parent tué pour la défense de son roi et de sa patrie, Alfonse revêtit le prince Jean, héritier du trône, de ses illustres armes, en lui disant : Que Dieu, le meilleur, le plus grand, vous rende semblable à ce héros !

Il me semble voir les Césars romains, grecs, germains ; les rois de Portugal, de Castille, d'Aragon, de France, d'Angleterre, de Saxe, de Sicile, et ces innombrables héros, tes aïeux, te décorer de leurs armes célèbres, toi, l'héritier de toutes leurs vertus et de tous leurs triomphes ; toi, l'héritier de tous ces héros, dont les noms et les titres sont écrits dans ce livre.

Il me semble les voir te dire :

« Que Dieu, le meilleur, le plus grand, te rende semblable à ce héros ! »

Ils l'ont dit :

> Je le proclame, je le répète.
> De votre illustre grandeur,
> Le serviteur le plus dévoué,
>
> CARAMUEL.

COMMENTAIRE.

Cornélius Tacite, dans le premier livre des Annales, avait appelé les fils des Césars, Caïus et Lucius, princes de la jeunesse, et les avait désignés comme consuls, *quoiqu'ils n'eussent pas encore déposé la robe prétexte.*

Cicéron est appelé le premier espoir de l'éloquence chancelante, et Virgile son dernier espoir.

Les anciens appelaient Jupiter, les fils de leurs généraux les plus invincibles, d'où les Latins modernes et les Espagnols ont conservé Jupiter.

Pourquoi ne pas se servir des mots anciens quand, en considérant l'histoire, nous remontons aux anciennes années ?

Pourquoi ne pas dire de cet enfant si impatiemment attendu, et malgré son âge tendre : le digne rejeton de Jupiter ?

Cicéron, dans son livre sur la Nature des dieux, a traité et mis au jour des sujets d'une grande abstraction, ainsi que les épigrammes de Martial nous l'apprennent.

Plaute, qui autrefois fut l'objet de mes études, dit dans les Asiatiques Il faut que nos yeux soient spectateurs : on croit ce que l'on voit.

Témoin Azzilla, cette ville puissante de la Mauritanie tingitane.

Lisez les historiens portugais sur Alfonse V; les Scholies de Jean Vitrianus, dans les mémoires de Philippe de Commines. (Chap. CLXXII.)

Je désire que Dieu vous fasse aussi bon chevalier que celui dont je parle en ce moment.

AU LECTEUR.

Nous livrons pour la quatrième fois, mais avec plus d'éclat et traitées d'une autre manière, les généalogies des princes les plus célèbres, que nous donnâmes autrefois dans Philippe, et dernièrement dans ma réfutation et dans Jean de Bragance.

Je voulais montrer alors au monde la justice de Philippe le Prudent et la tyrannie de Jean l'Usurpateur.

Je veux aujourd'hui prévenir les tendres années de Gaspard-Constantin, afin qu'excité par les lauriers de la gloire, les triomphes et les splendeurs de ses pères, il marche avec autant d'éclat.

Ausone a dit:

« Il est plus beau d'acquérir la noblesse, que de la tenir de ses aïeux. » Constantin eût été noble quand même il serait sorti du néant, et issu de parents vulgaires.

Il tire une grande noblesse de sa naissance, mais il est aussi noble par ses hauts faits.

Les rois ses aïeux, par leur courage et leur gloire, lui ont servi d'exemple.

Henri I, roi de Portugal, arriva, vit, vainquit et détruisit cinq monarques infidèles, qui inondaient le camp d'Ourique de leurs innombrables soldats.

Henri II, terrible au Sarrasin, abattit l'insolence des Mahométans.

Henri III ajouta à son royaume de nouvelles couronnes.

Henri IV s'entendit surnommer l'Intrépide à cause de sa valeur terrible.

Henri V reçoit à six ans les rênes de l'empire; malgré son âge, il cherche, découvre et acquiert des régions au delà des mers.

Henri Ier triomphe des habitants de la Bétique, qu'il avait envahie, et devient leur ami après avoir été leur ennemi.

Henri II, condamnant la vaine gloire du luxe et des ornements, se prive d'habits précieux pour que ses soldats ne manquent de rien, pensant qu'il était plus glorieux de vêtir les combattants que les murailles des palais.

Pour qu'il ne devînt pas ambitieux, *Ferrand* lui avait imprimé une direction sérieuse et rigide qui devait lui faire préférer la gloire à l'or.

Pour bien employer ses biens, *Denis* passe sa vie à élever des monuments.

Et, pour que Constantin possède toutes les qualités dignes d'un prince,

Il est formé par le caractère ardent de Pierre, par la valeur prudente de Jean, et par la grande douceur de Henri, tempérant l'ardeur téméraire de Sébastien.

Et, pour que son jeune âge ne soit pas troublé en acquérant toutes ces qualités, son père, qui est au ciel, et les Alfonse, les Sanche, les Denis, les Ferrand, les Pierre, les Jean, les Sébastien, les Henri, les Philippe déposent dans son cœur, comme dans un trésor, leurs vertus éclatantes.

Il est enfin au monde, celui qui depuis mille ans est en train de se former afin de naître grand pour devenir plus grand encore.

Il est formé à la connaissance et à la pratique des actions de ses aïeux, afin que semblable à Mello, ce foudre de guerre (je désigne ici son père invincible), il force celui qui résiste et épargne celui qui cède.

Il apprendra encore beaucoup de choses dans l'école guerrière de Mars, sous l'inspiration d'un père si grand ; il apprendra à assiéger à son tour un ennemi triomphant (ce qui s'est vu seulement à Azzéa). Il apprendra à rendre ses armes terribles par son intelligence et sa prévoyance. Il apprendra à s'emparer en peu de jours de Leuscia, de Baseas et d'autres villes inexpugnables ; à remporter des victoires au delà de toute espérance, en communiquant sa bouillante ardeur à ses soldats inégaux en nombre.

Et si jamais sa fortune guerrière chancelle (ce qui est dans les choses humaines), il apprendra à mieux aimer se croire vaincu que d'être vaincu; et, comme un bon prince, à préférer la sécurité de ses peuples à sa propre gloire.

Si, par hasard, il n'est pas possible de mettre à profit sa renommée à vaincre tant d'ennemis dans un combat contraire, comme on dit que les Gaulois faisaient après avoir conquis le surnom d'invincibles au prix d'un sang noble et généreux.

AUTEURS.

Il faut conclure que ces généalogies correspondent aux avis des meilleurs écrivains: de Jean Gausius, de Théodoric Picpordius, d'Antoine Albizius, de Jérôme Falétus, de Jean-André Angélus, de Wolfgange Kilianus, de Scipion Anémiratus, de Jean-Baptiste Mazza, de Platina, d'Annius, de Godefroi, fils de Denis, et d'autres qu'ils ont suivis eux-mêmes.

CENSURE.

Ce livre, intitulé :

L'Excellente maison de Mello, renferme en peu de lignes l'histoire de mille années, et montre au jour beaucoup de faits qui ne peuvent être cachés sans faire injure au monde entier, et c'est pour cela que je le juge digne d'impression.

Antoine SANDERUS,
Licencié en théologie.

A Yprès, le 15 mai 1641.

ISJY	**MELUS**
—	—
OLEM	*Anagramme.*
—	—
MÉLO	**LÉMUS**
—	—
Épigramme.	*Épigramme.*
—	—

Contemplez ces caractères : ces noms sont de petits titres anciens, ils conviennent à leurs objets.

Celui qui lit ce qui précède peut compter les années des ancêtres.

Les premiers Mello ont vécu ou plutôt ont vaincu depuis mille ans ; ils occupent mille siècles ; le nom signifie mille.

—

Chronologie.

—

Combien d'années compte la maison de Mello,

Les lettres du nom l'indiquent.

Celui qui sera Mello par son père pourra succéder à sa mère.

Celui qui pourra devenir plus noble ne sera pas un Mello.

Celui qui est Mélo par son père sera Lémo par sa mère.

Car plusieurs fois, quoique d'une manière différente, il a les mêmes marques d'une noblesse auguste.

—

Chronologie.

—

Par là, la maison de Mello a surpassé les années du nom.

De là, elle surpassera les années du nom.

24

Le mot Olem est hébreu, et signifie siècle ; c'est une mesure de temps renfermant mille ans. Sans doute, il est constant que la maison de Mello compte au delà de mille ans, d'après la table 33, dans laquelle, en l'année 636, elle est tirée de Segueardus, roi des Saxons.

Certes, le nom de Melo, si nous considérons les lettres latines, indique au delà de mille ans ; ou au moins mille ans, si nous considérons la signification hébraïque.

Des anagrammes Melo et Lémo, le premier nom est de la maison paternelle, don François de Melo ;

L'autre, de la maison maternelle.

Le seigneur Constantin de Melo épousa Béatrix de Castro, de l'antique famille royale, qui est conservée dans l'illustrissime maison de Lemo.

De cette union est venu don François de Melo, marquis de Tordelaguna.

EN L'HONNEUR DE L'AUTEUR.

Levez-vous, oiseau de Jupiter ; déployez dans les airs les ailes de votre divin génie ; ni l'air liquide, ni l'ellipse de la terre et de l'eau, ni le feu, ni le vent, ne pourront s'opposer à votre verve.

Ces terres resplendissantes de lumière qui volent dans le vide (les Latins les appelaient, *errones* ; les Grecs, planètes), que votre art les guide, les dirige même malgré elles.

Découvrez les compagnons invisibles des astres ; avancez-vous vers l'Olympe ; montrez-nous les formes innombrables du soleil éclatant, les étoiles qui sont les ombres de cette image ardente.

Pénétrez dans l'empyrée.

Seul, vous avez traité d'une manière divine les choses humaines, et les choses divines d'une manière humaine.

Le siècle futur avouera que celles-ci doivent leur splendeur à vos travaux.

Que dirai-je encore ?

De votre cœur découle l'humilité du Christ et le courage du lion. Vous comparez à des demi-dieux ces héros pleins de vertus et de courage,

Ces Atlas, fils de la terre, dieux humains, que le maître de l'Olympe a mis à la tête du monde.

Certes, si les actions du Mars portugais ont rappelé le siècle d'or, nous apprendrions par vous (1) l'arbre généalogique de la famille de Mello, les empereurs, les rois, les monarques du monde, ces Césars, ces demi-dieux, pères de cette maison.

François Pennemans,

religieux de Dunois.

---

(1) Voir les tables généalogiques *Caramuel,* à partir de la page 5.

RERUM LUSITANORUM

ÉPHÉMÉRIDES

EXTRAIT

BRANCHES SORTIES DE LA MAISON DE PORTUGAL

ET QUI ONT DROIT A LA COURONNE.

Comtes d'Oropesa.

Comtes de Lemos et de Castro.

Marquis de Ferreira de Mello, ducs de Cadaval.

Comtes d'Acumar, issus des marquis de Ferreira de Mello.

Comtes de Gelves et ducs de Veragua, issus des marquis de Ferreira de Mello.

Comtes d'Odemira.

Seigneurs de Vimieiro, issus des comtes d'Odemira.

Comtes de Faro, issus des seigneurs de Vimieiro.

Comtes de Vimioso, sortis de la maison de Bragance.

CONSTANTIN-JOSEPH

MARQUÈS DE SAMPAYO ET MELLO

EXTRAIT DE NAISSANCE

DE

CONSTANTIN-JOSEPH MARQUÈS DE SAMPAIO ET MELLO.

Louis-Antoine Braz Diniz, archiprêtre de Moncorvo, vicaire général, agissant au nom du très-éminent et très-révérend cardinal-archevêque de Brague, primat des Espagnes,

A tous qui les présentes liront, santé et paix en Jésus-Christ,

Faisons savoir :

Que Constantin-Jozé Marquès est né dans la ville Torre de Moncorvo, paroisse de Notre-Dame de l'Assomption, le 18 du mois d'août 1812, et a été solennellement baptisé le 28 des mêmes mois et année ;

Fils de Joseph-Joaquin Marquès Montinho Lopez, natif de Moncorvo, décédé ;

Et de Dona Vicensia-Luisa-Victorina Banha, de Mello, Sequeira, Sampaio, Coutinho, Freire, Manoel Borges da Costade Araujo, Pereira

Bacelar, Teixeira, Pinto de Magalhaëns et Lacerda, native du village de Concelho, dépendant de Trancozo ; décédée.

Signé, Louis-Antoine Braz Diniz.

Louis de Vello, notaire à Porto.

Légalisé à Porto, le 4 août 1853.

Le Consul de France,

Signé, Ch. Defly.

Cachet du consulat.

PREMIÈRE PARTIE.

Constantin-Joseph Marquès est venu au monde le 18 août 1812, à Moncorvo (Torre de Moncorvo), province de Tra-os-Montes (Portugal).

Quelques mois après sa naissance, son père et sa mère furent enlevés presque en même temps par une épidémie qui fit de grands ravages dans la province.

Deux tantes paternelles, les dames Anne et Antonie, le recueillirent et l'envoyèrent quelques jours après, sous la conduite d'Antoine de Carvalho et d'un cousin de ce gentilhomme, pour y être mis en nourrice, à Alfandega da Fé, village à trois lieues de Moncorvo.

La nourrice, Thérèse Correïa, le garda jusqu'à l'âge de trois ans et demi, le traitant comme son enfant et ayant pour lui les soins les plus attentifs.

Ramené au lieu de sa naissance, Constantin fut confié aux frères franciscains de Moncorvo.

Ce temps de son enfance fut cruel.

Constamment enfermé ; assujetti aux coutumes austères des révérends frères, coutumes peu en rapport avec son âge tendre, chaque journée fut pour lui la captivité.

Une chose seule jetait quelque bonheur dans sa jeune imagination.

Les bons frères, entre autres plaisirs bien innocents, se livraient à la culture des fleurs.

Le couvent possédait un jardin où les plantes les plus rares, les fleurs les plus belles, brillaient vivifiées par le bienfaisant soleil du Portugal.

La contemplation de ces divines productions fut d'abord, pour le jeune novice, un bonheur incompréhensible ; peu à peu son imagination se développa ; son âme fut frappée d'admiration en face des gracieuses et magnifiques preuves de la puissance de Dieu ; il chercha à comprendre la nature qui lui ouvrit son livre. — L'âme de l'artiste se révélait, il comprit, et, dès ce moment, la captivité n'eut plus de rigueurs pour lui.

Les chagrins, les ennuis, les jeûnes, tout s'effaçait devant les adorables consolations qu'il puisait dans un regàrd jeté sur ce qu'il aimait.

Dès qu'il avait un moment, il s'échappait et venait caresser de l'œil et du cœur ces belles fleurs du bon Dieu.

Lorsque Constantin eut quatorze ans révolus, ses tantes lui déclarèrent que leur intention était de lui faire prendre les ordres, que le temps du noviciat allait commencer, et qu'elles comptaient sur son obéissance.

L'instinct des grandes choses, ce qu'il avait vu de la nature, et qui lui avait fait comprendre qu'il y avait hors des limites du couvent bien d'autres merveilles à connaître, avait fait rêver au jeune homme la liberté ; une liberté sans entraves, qui permît à sa nature instinctive de se développer.

Il osa donc désobéir à ses parentes. Il rentra au couvent, où il resta encore une année.

Tout fut employé : sollicitations, menaces. Le prieur même usa de son influence et de son caractère.

Après plusieurs démarches infructueuses, il déclara que ni les penchants, ni l'aptitude du jeune novice, ne faisaient présager une vocation monacale.

Les dames Anne et Antonie déclarèrent alors que, puisqu'il ne voulait pas être moine, il eût à ne plus compter sur elles, et que leur maison lui était fermée.

Quelques jours après, le pauvre enfant abandonné quittait le couvent et sortait de Moncorvo, se dirigeant vers Viseu, où était en garnison le 5ᵉ régiment de chasseurs à pied.

Il se présenta hardiment au colonel, qui, voyant son air décidé, son violent désir de servir la patrie, et touché d'ailleurs de sa position intéressante, l'admit malgré son jeune âge au nombre de ses soldats, et le plaça dans la 5ᵉ compagnie, commandée par le capitaine Paolo.

La phase des révolutions commençait en Portugal ; le roi Jean VI voyait s'élever contre sa couronne le parti de la constitution.

Quelques régiments de l'armée portugaise avaient embrassé le parti du progrès.

Parmi eux, se trouvait le 5ᵉ régiment de chasseurs ; ce régiment prit les armes et proclama la constitution. Sylveira, comte d'Amarenthe, marcha contre lui, et un premier combat eut lieu le jour du dimanche des Rameaux, au pont d'Amarenthe.

Sylveira battit en retraite. La division dont faisait partie le 5e de chasseurs se mit à sa poursuite et arriva de ville en ville jusqu'à Léon d'Espagne, où se trouvait le général Rodille, combattant le curé Mérino.

De là, le 5e régiment rétrograda par Bragance et Astorga, jusqu'à Lisbonne.

Après la bataille, Constantin avait été nommé caporal. Arrivé dans la capitale, les constitutionnels apprirent que le parti du roi avait eu le dessus, et ils durent se soumettre.

Le 5e régiment fut licencié ; tous les hommes gradés furent cassés, embarqués à Aldea-Gallega, et envoyés comme simples soldats à l'île de Terceira, que commandait alors le général Stockler.

Trois années se passèrent. Les dissensions intestines ensanglantaient le Portugal.

Le roi don Miguel et don Pedro se disputaient le trône.

A cette époque, le comte de Villa-Flor et Mousynho d'Albuquerque s'emparèrent de l'île de Terceira.

La garnison fut licenciée, et Constantin se rendit à Lisbonne, où il prit les armes pour le roi don Miguel.

Il entra dans la garde royale comme simple soldat ; la guerre, alors, était dans toute sa vigueur, les combats se succédaient sanglants.

Le hasard avait mal servi le roi ; les restes de son armée, réunis à Assessiera, attendaient avec courage et désespoir l'armée ennemie dans un dernier effort.

L'affaire s'engagea terrible ; malgré la plus grande valeur, un acharnement héroïque, l'armée royale dut se retirer à Evera-Cidade, abandonnant la place de Santarem.

Elle opéra sa retraite par Everamonte ; Constantin était alors lieutenant porte-drapeau.

Une capitulation honorable fut acceptée par l'armée royale ; on l'embarqua pour Sinès.

La populace de Lisbonne avait pris les devants munie de fusils, de faux, de sabres ; et quand les fidèles royalistes, don Miguel en tête, débarquèrent, une lâche fusillade les accueillit.

Le carnage fût devenu terrible sans la présence des officiers anglais, qui s'opposèrent au massacre.

Ils enlevèrent le roi, qui fut porté dans une embarcation, et protégèrent le départ de ses compagnons, qui s'embarquèrent à bord de navires anglais faisant voile pour Gênes.

Au bout de vingt-trois jours l'on arriva.

. . . .

A ce moment, commencèrent pour les pauvres exilés les misères et les souffrances.

Débarqués sans argent, à peine vêtus, ne sachant où diriger leurs pas, ils erraient en désordre dans les rues de la ville.

Constantin prit une modeste chambre à l'hôtel de l'Aigle, où il resta treize jours.

Sans argent, sans ressources, il fut obligé d'abandonner son asile. Dans ses courses par la ville, souvent il s'était arrêté devant la boutique d'une Française, madame Vieillard, la première fleuriste de Gênes.

Le souvenir de ses premières années s'était réveillé à la vue des fleurs.

Il entra, causa avec la maîtresse de la maison, qui l'employa quelques jours à fabriquer des nuances.

Mais ses ressources étaient trop minimes pour exister. La misère terrible se révélait : sans asile, presque sans pain, le pauvre étranger s'adressa, mais en vain, à ses compagnons d'exil ; ils étaient aussi malheureux que lui.

Le roi lui-même resta trois jours sans vêtements convenables.

Sans ressources, il fut obligé de faire de l'argent d'un bracelet et de quelques bijoux, triste et précieux souvenir.

Ils provenaient de sa sœur, morte à Santarem du choléra. Dans sa détresse, plus magnanime encore, il voulut faire accepter un cadeau aux officiers anglais qui avaient eu pour lui tous les égards.

Ces officiers ne voulurent accepter que des remercîments, qui les honorèrent à leurs yeux et aux yeux de tous.

A ce moment paraissait une ordonnance du gouverneur, interdisant le séjour de Gênes à tout individu ne pouvant justifier de ressources ou d'une occupation suffisantes.

Le désespoir au cœur, Constantin se présenta aux autorités. Il dépeignit sa situation avec tant de vérité, son chagrin était si violent, qu'il toucha le gouverneur.

Sous la foi du secret inviolable, un secours lui fut accordé.

Cet argent inespéré rendit un peu de calme et de courage à son cœur navré.

Il visitait quelquefois le couvent des Fiesquines, où l'on travaillait les fleurs artificielles avec une grande perfection ; à chaque visite augmentaient chez lui le goût et l'envie du travail.

Il pressentait l'avenir, avenir grand et beau.

Il pressentait que ses fleurs chéries, les compagnes, la consolation de son enfance, qu'il avait admirées, aimées et caressées, seraient son soutien, sa fortune et sa gloire.

Il voyait l'avenir, et se berçait des idées les plus riantes.

Il rêvait un champ plus vaste que Gênes ; il rêvait Paris. Il voulait, près des grands artistes de la capitale, prendre aussi ses ébats, et grandir au milieu de leurs inspirations.

Au bout de trois mois, il prit son parti.

Il alla remercier le gouverneur, abandonna son secours; alla chez madame Vieillard, qui lui donna une lettre pour M. Flamet, fleuriste, à Paris, prit congé d'elle, et partit pour la France, sa patrie adoptive.

DEUXIÈME PARTIE.

De Gênes à Turin, de Turin à Lyon, et de Lyon à Paris, Constantin resta trois semaines en route, et arriva le vendredi 13 décembre 1834, à quatre heures du matin.

Il se fit descendre rue du Mail, à l'hôtel de Portugal, pensant que les maîtres de l'hôtel parlaient sa langue natale.

Toute sa fortune était : une malle bien légère et une bourse plus légère encore, 3 fr. 50 c.

Il tombait sur le pavé de la grande ville, sans amis, sans argent, ne comprenant pas un mot de français.

Ses hôteliers, quoique tenant l'hôtel de Portugal, ne parlaient que le français.

Constantin paya sa chambre 1 fr., se fit raser et coiffer pour 50 centimes, et prit une voiture qui le conduisit chez M. Flamet, pour lequel madame Vieillard de Gênes lui avait remis une lettre.

Ses deux derniers francs furent le prix du fiacre.

Les poches complétement vides, il se présenta à M. Flamet, et fit chez ce négociant son premier repas à Paris.

Deux onces de jambon, un doigt de vin, un petit morceau de pain, et une petite pomme sur une toile cirée.

Il fut mis à l'hôtel du Vert-Bois.

Pendant la nuit, les habitants de la maison se battirent ; la police vint mettre le holà.

Il raconta la scène à **M. Flamet**, qui le fit changer de maison garnie et le plaça rue Saint-Martin.

Les mêmes inconvénients se présentant, Constantin partit pour la rue de Cléry, hôtel du prince Potemkin.

Là, il commença à travailler.

Entre autres choses il fit un bouquet de fleurs en plumes, qu'il apporta à **M. Flamet.**

Celui-ci fut si émerveillé de ce travail, qu'il le garda.

Plusieurs personnes l'ayant vu, il fut décidé que la garde nationale de la légion l'offrirait à S. M. la reine Amélie.

A cette époque, **M. Flamet** adressa Constantin à une demoiselle Guérion, fleuriste, pour obtenir de l'ouvrage.

Cette demoiselle, par un sentiment qu'on ne saurait définir, le reçut fort mal, et lui dit : qu'il n'y avait déjà que trop de fleuristes à Paris ; qu'il devrait abandonner cette profession, se faire domestique, et aller en Russie comme cuisinier (*sic*).

M. Chagot, fleuriste, proposa, sur ces entrefaites, à Constantin d'entrer chez lui.

Il y passa une demi-journée ; les arrangements de la maison ne lui convenant pas, il se retira.

Ne pouvant le retenir, **M. Chagot** lui fit une commande de 300 fr.

Constantin l'exécuta. — Le jour de la livraison, la commande fut refusée.

Le pauvre jeune homme avait employé toutes ses petites économies pour ce travail.

Sa position devenait bien précaire.

Un autre fleuriste, M. Lefort, qui vit son ouvrage, l'acheta pour la somme de 80 fr., lui disant : Si je le vends plus cher, je vous remettrai quelque chose.

Trois semaines après, Constantin, qui travaillait dans sa petite chambre, au sixième, rue de Cléry, 69, entendit frapper à sa porte.

C'était M. Lefort, qui venait lui apporter 20 francs et lui faire une première commande.

Il est des circonstances futiles qui, par leur étrangeté, sont des événements dans la vie d'un homme.

Dans une course de chez lui à la maison pour laquelle il travaillait, Constantin rencontra un ouvrier découpeur en fleurs de chez M. Chagot, le sieur Lallemand, aujourd'hui employé dans la fabrique, 7, rue d'Antin.

C'était la veille du jour à jamais fatal où Fieschi attenta à la vie du roi, et tua sur le boulevard le maréchal Mortier et tant d'autres personnes que la curiosité avait attirées pour voir défiler les troupes.

M. Lallemand proposa à Constantin de le conduire voir la revue.

Le lendemain, tous les deux étaient au boulevard du Temple, et se trouvaient presque au pied de la maison où était cachée l'horrible machine infernale.

Vivement pressé par son compagnon de traverser le boulevard, et de quitter le côté de l'ombre, Constantin n'y consentit pas.

La foule était trop compacte, il préférait rester à sa place ; un secret pressentiment le retenait.

Quelques minutes après, la machine éclatait, et un grand nombre de personnes tombaient mortellement frappées.

Par miracle, Constantin avait échappé à la mort.

Un autre jour, qu'il portait son travail chez M. Lefort, Constantin se perdit.

Il s'adressa à un passant, qui, voyant l'embarras du jeune étranger, le conduisit à la fabrique, puis, l'attendant, l'accompagna jusque chez lui.

Chemin faisant, la conversation s'établit, tant bien que mal ; Constantin raconta avec confiance son arrivée à Paris et ses projets.

Trois semaines s'étaient passées. Un dimanche il reçut une visite.

C'était son obligeant cicerone, qui, après avoir causé longuement, se retira, lui laissant 50 francs, qu'il le pria d'accepter, pour l'aider à faire ses petites affaires.

C'est le premier et seul service que Constantin ait reçu depuis qu'il est à Paris.

Six semaines après, eut lieu une deuxième entrevue, au bout de laquelle le visiteur offrit de travailler les fleurs et de l'aider.

L'offre fut acceptée.

Dès ce moment, il y a dix-neuf ans de cela, M. Isidore, qui depuis seize ans est contre-maître de la fabrique de fleurs de M. Constantin, ne le quitta plus.

Pendant six ans, il fut son second et travailla avec un dévouement sans bornes, ne recevant aucun salaire.

Après ce temps, tout ayant bien réussi, les comptes de M. Isidore furent réglés, et il reçut ce qui lui était dû, depuis le jour qu'il avait commencé à travailler.

Une autre personne, M. Coquerel, caissier et teneur de livres dans sa maison depuis seize ans, a donné à M. Constantin des preuves de son dévouement.

Le zèle, la probité et l'intelligence de cet employé ont toujours été dignes des plus grands éloges.

C'est avec le concours de ces deux personnes que Constantin a fondé son magnifique établissement.

De la rue de Cléry, Constantin alla rue de Bourbon-Villeneuve, 59, habiter une chambre au sixième.

Une demoiselle Armande, cousine de M. Lefort, lui avait fait crédit d'un petit mobilier de garçon.

Il commençait alors à travailler pour les grandes maisons de Paris : pour *Bâton*, qui lui achetait des renoncules en plumes de toutes espèces. S'y présentant pour la première fois, la première demoiselle, maintenant madame Raynac, et dame de vente chez Constantin, lui demanda, en lui montrant une guirlande de chèvrefeuille, s'il pourrait en faire autant :

— Oui, répondit-il.

On sait avec quelle perfection Constantin fait cette plante.

Il fournissait à *Nattier* des caméllas et des avoines en plumes. La maison Nattier possède encore de ces fleurs, qu'elle garde à cause de leur merveilleuse perfection.

Pendant quatre ans, il habita rue de Bourbon-Villeneuve. La deuxième année, il était au deuxième étage.

Un tapissier, qui demeurait dans la même maison, qui depuis l'a toujours servi et a fourni les grandioses salons de la rue d'Antin, 7, M. Winter, lui livra les meubles d'un petit salon à crédit.

Au bout de quatre ans, Constantin alla habiter la rue Neuve-Saint-Augustin. Il avait déjà un personnel nombreux, qui s'augmentait tous les jours.

Toutes les modistes renommées de Paris voulaient avoir de ses fleurs.

La maison Baudraud le faisait beaucoup travailler.

La jalousie, qui s'attache toujours au succès, commença à lui susciter des ennemis.

Les modistes qu'il ne fournissait pas cherchèrent à lui nuire. A l'aide d'un travail incessant, d'un zèle infatigable et de son intelligence vraiment extraordinaire, il renversa tous les obstacles et posa les premiers jalons de la réputation européenne dont il jouit depuis douze années.

A cette époque, il inventa les fameuses fleurs de glace, que les autres fleuristes firent après lui, sous le nom de fleurs de givre.

En 1839, il était nommé fournisseur de la famille royale de France.

L'exposition de 1844 arriva.

Constantin exposa une grande quantité de fleurs.

Les visiteurs de l'exposition passaient devant sa vitrine en haussant les épaules et en disant : Quelle chose ridicule que d'exposer des fleurs naturelles !

Au bout de quelques jours, une partie des fleurs se fanèrent, l'autre partie resta intacte.

C'étaient des fleurs artificielles mêlées à des fleurs naturelles, et si parfaitement imitées, que l'œil le plus exercé n'avait pu voir la différence.

L'ironie fit place à l'enthousiasme le plus violent ; tout Paris voulut voir ces fleurs.

Le roi, la reine, la famille royale, allèrent les visiter.

Les fleurs qui eurent le plus grand succès furent :

1° Une pivoine s'affaissant sur sa tige, et mourant faute d'eau ;

2° Un pavot effeuillé par le vent, et jetant ses pepines d'or ;

3° Un pissenlit, que le roi et la reine tinrent dans leurs mains.

Ce fut à cette occasion qu'eut lieu la fameuse histoire des ciseaux. Constantin voulait offrir un bouton de rose à Leurs Majestés.

Les ciseaux cassèrent, et chacun de chercher, qui un canif, qui un couteau, etc.

L'artiste fut obligé d'arracher le bouton, que Leurs Majestés acceptèrent. Malgré mille jalousies, mille intrigues, Constantin obtint le premier prix de l'exposition pour les fleurs artificielles.

Son nom fut proclamé par le roi, dans la salle du trône, aux Tuileries.

A ce moment, la reine, la princesse Adélaïde, les princes et les princesses qui entouraient le roi s'écrièrent unanimement :

« Sire, cette récompense n'est pas suffisante. »

Le livre résumé des délibérations du jury de l'exposition de 1844 contient cette phrase, entre autres, concernant Constantin :

« Le public l'a placé depuis longtemps, en France, au premier rang » parmi ses concurrents.

» Le jury est heureux de confirmer cette distinction, si justement » méritée. »

Dans maintes occasions malheureuses, et notamment après le tremblement de terre de la Guadeloupe, des offrandes furent demandées à tous les fournisseurs de la maison royale.

Constantin envoya un carton de fleurs à la reine, au palais des Tuileries.

L'exposition et la vente avaient lieu au Palais-Royal, présidées et faites par les dames d'honneur de la reine et des princesses.

Constantin, s'y étant rendu pour faire quelques acquisitions, fut reconnu, et les dames d'honneur le saluèrent de ce nom qu'il a conservé :

Vive notre grand artiste ! Vive le roi des fleurs !

Ce fut une véritable ovation.

La famille royale vint souvent dans la maison de Constantin ; souvent il fut appelé aux Tuileries par la reine ou les princesses.

Le 22 février, la veille de la révolution, le duc et la duchesse de Montpensier visitèrent ses ateliers et ses salons.

Constantin fit de nombreux voyages pour étudier la nature et la botanique.

En Angleterre, il alla visiter les fameuses serres du duc de Devonshire et d'autres encore.

En Allemagne, à Vienne, il parcourut les vastes jardins d'hiver du baron d'Hough.

Naples, Rome, l'Italie entière le vit successivement.

Dans les Hautes-Pyrénéés, il courut les plus grands dangers.

Il était dans les environs de Cauterets.

Instruit que des plantes curieuses et rares se trouvaient parfois sur les sommets et les pentes du Vignemale, et sur les sommets du Gavarnie, il voulut d'un seul coup parcourir tous ces sites sauvages, qui offraient à son imagination l'espoir d'une ample moisson. C'était une audacieuse entreprise.

On compte les personnes qui ont osé l'opérer et qui ont réussi ; le prince de la Moskowa l'acheva heureusement, il y a quelques années ; depuis, deux voyageurs y ont trouvé une mort affreuse.

Quoi qu'il en soit, Constantin se mit en route, accompagné de son valet de chambre, Hippolyte Agneray, qui est avec lui depuis dix ans, et qui lui a donné de grandes preuves de dévouement. Tout d'abord alla bien.

Mais il fallait escalader les cinq grands versants successifs qui, comme des degrés gigantesques, conduisent à la base du Vignemale.

Là commencèrent tous les dangers de l'ascension.

Il fallait franchir des escarpements presque à pic; traverser des glaciers en pente, interrompus par de larges et profondes crevasses.

Ces difficultés vaincues conduisaient à des difficultés plus grandes; mais, à cette hauteur, et par un pareil chemin, la descente était peut-être plus redoutable que la montée.

On ne pouvait reculer; cependant on se trouvait en face d'un vaste glacier dont la pente approchait de la perpendiculaire; il fallait le traverser si on voulait aller plus loin, si on voulait atteindre le Vignemale et parvenir à la gorge qui est au pied.

La pente abrupte du glacier, semée de crevasses, se terminait en bas à côté du précipice qu'on venait d'escalader.

On s'arrêta un instant et l'on commença l'ascension. Mais la pente devenait plus glissante et plus roide; le pied manqua en même temps à Constantin, à son valet de chambre et aux guides; ils furent entraînés avec rapidité vers l'abîme.

La neige qui couvrait cette masse de glaces se rompit heureusement sous la violence de la chute, et les malheureux réussirent à se cramponner sur ce sol mouvant, l'un à cent pieds, l'autre à deux cents, du point où le pied leur avait manqué.

On atteignit enfin le but du voyage.

Constantin fit sa récolte.

Le lendemain, on traversa le cirque de Gavarnie, la vallée d'Ossone, et on arriva à Cauterets.

Constantin, pour remercier le ciel de sa miraculeuse délivrance, fit célébrer une messe d'actions de grâces et distribuer une assez forte somme aux pauvres de Cauterets; puis, il réunit dans un dîner les principaux baigneurs de l'établissement.

A la révolution de 1848, tous les grands établissements de Paris renvoyèrent les deux tiers de leur personnel.

Constantin avait soixante-deux ouvriers et ouvrières dans sa fabrique. Il subvint à tout avec les plus grands sacrifices, et vendit jusqu'à son argenterie pour ne renvoyer personne.

Il voyagea à cette époque en Allemagne, pour toucher ce qui lui était dû, pour vendre de nouveau, afin de soutenir sa maison de Paris.

Pendant cette excursion, il donna des leçons de botanique pratique à la princesse royale de Prusse, qui, comme souvenir de son auguste bienveillance, lui a envoyé à Paris un gobelet d'or, avec ses chiffres et les armes de Prusse.

En 1850, Constantin, qui n'avait pas vu son pays depuis vingt-huit années, résolut d'y faire un voyage.

Mais ce voyage devait être de courte durée. — Les travaux de l'exposition universelle de Londres l'attendaient à Paris, et il voulait, sinon surpasser sa réputation, au moins exposer des choses dignes de son talent et de sa haute intelligence.

Le 15 juin au soir, ayant manqué le chemin de fer de Paris à Calais, il prit le train de Paris à Boulogne. Là, ne trouvant pas de bateau à vapeur, il fréta une petite barque à rames et à voiles; et, malgré le danger de naviguer en pleine mer avec une aussi frêle embarcation, même malgré les représentations des marins qui la montaient, il traversa la Manche, débarqua à Folkestone, et de là partit pour Londres.

Il dîna à l'ambassade portugaise, chez son ami le vicomte de Moncorvo; partit pour Southampton, où il arriva le 18.

Le 23, après une traversée de cinq jours, il débarqua à Lisbonne, où une réception digne de son mérite l'attendait.

A l'envi l'un de l'autre, le duc de Terceira, maréchal de Portugal, grand dignitaire de la couronne; le marquis de Fronteira, l'ambassadeur du Brésil, S. E. M. de Drummond, le comte de Thomar, ministre de la reine, l'eurent à leurs dîners et à leurs soirées.

Quelques jours après, il assistait à une représentation au théâtre royal, assis avec le comte et la comtesse de Thomar, dans la loge contiguë à celle de la reine.

Le lendemain, Leurs Majestés le recevaient, à huit heures du matin, au palais.

Constantin présenta à la reine un magnifique bouquet et un carton de guirlandes.

Leurs Majestés s'entretinrent longuement avec lui. Puis Constantin, ayant baisé la main de la reine, prit congé d'elle.

Le roi et la reine l'accompagnèrent jusqu'au salon qui limitait leurs appartements particuliers.

Les journaux de Lisbonne retentirent d'éloges. — On lui fit des vers.

Chacun montrait à quelle valeur il estimait l'homme et l'artiste.

Au bout de quinze jours, Constantin s'embarquait pour la ville de Porto.

A l'arrivée du vapeur, le capitaine de port, Joaquim-Pinto de Magalhaëns, se présenta pour viser les passe-ports.

Après avoir visé celui de Constantin, il lui dit : Où allez-vous, monsieur? Dans quel hôtel allez-vous descendre? Ne vous serait-il pas agréable de loger, pendant votre séjour ici, dans une maison qui appartient à un de vos parents?

Surpris de ces paroles, l'artiste hésitait; mais le capitaine de port ordonna aux marins de son embarcation de prendre les bagages du voyageur, et la barque poussa vers le débarcadère.

Arrivé à la maison, le capitaine de port lui dit : Vous êtes chez moi, et je suis votre cousin.

Constantin eut alors les premiers renseignements sur son identité et sur la position élevée de sa famille.

Il y avait dans sa vie, jusqu'à l'âge de quinze ans, quelque chose de si étrange et de si obscur, que, sans en chercher les preuves, il avait toujours eu la pensée que sa famille était grande et bien placée.

Au bout de quelques jours, il quitta Porto, s'arrachant à ceux qui, les premiers, l'avaient reconnu, et se rendit à Moncorvo, lieu de sa naissance, où il arriva le 12 du mois d'août.

Le bruit de son arrivée circulait dans la ville, et tout se préparait pour le recevoir dignement.

Muni d'une lettre du vicomte de Moncorvo, il descendit chez sa belle-sœur, la vicomtesse de Banhos.

Le conseil municipal alla à sa rencontre et lui présenta une lettre collective, signée de tous ses membres, et dont voici la traduction :

« Le conseil municipal de cette ville manquerait à son devoir, comme représentant les nobles sentiments de la population, si, lorsque le roi des fleuristes, Constantin-Joseph Marquès, vient au milieu de ses compatriotes, après vingt-huit années d'absence, il ne lui exprimait pas sa joie.

» A cet effet, le conseil s'est réuni en séance et a décidé que :

» Le président Antoine-Joaquim Ferreira-Pontès, assisté des conseillers Antoine de Carvalho et Castro, Freire-Cortez et François-Léopold Botelho de Magalhaëns, irait exprimer à l'illustre enfant de Moncorvo le plaisir que tous ses compatriotes ont de compter au milieu d'eux l'homme le plus illustre du monde dans la branche des arts qu'il a embrassée ;

» Le prier de ne jamais abandonner la qualité de Portugais, et de ne jamais cesser de compter parmi les enfants de Moncorvo ;

» Et pour que cette délibération soit officielle, pour l'homme illustre qui en est l'objet,

» Le conseil a décidé qu'une copie de la délibération, scellée des armes de Moncorvo et du sceau municipal lui serait remise.

» Moncorvo, le 13 août 1850.

Armes de la ville de Moncorvo.   Sceau municipal.

» Signé : Ant. Joaq. FERREIRA-PONTÈS,
Ant. CARVALHO ET CASTRO,
FREIRE-CORTEZ, François-Léo-
pold BOTELHO de MAGALHAENS. »

On lui donnait des fêtes ; son nom volait de bouche en bouche. C'était à qui voulait le voir.

Constantin, reconnaissant de toutes ces marques d'amitié, après quelques jours donnés aux élans de ses compatriotes, s'occupa de voir ceux de sa famille résidant à Moncorvo, et sur lesquels son cousin Pinto de Magalhaëns lui avait fourni les renseignements les plus exacts, et auxquels il avait écrit.

Ce furent alors nouvelles reconnaissances, protestations d'affection, regrets et preuves d'amitié.

Là, tout fut dévoilé ; l'acte de naissance de ses père et mère, leurs actes mortuaires, son acte de naissance lui furent remis ; et promesse fut faite par ses parents, promesse qu'ils ont, quelques mois après, religieusement tenue, de lui envoyer à Paris tous les actes authentiques qui prouvent sá haute naissance, et à quelle famille illustre il appartient.

Constantin assista, avant son départ de Moncorvo, à une magnifique messe, dite en son honneur, à la cathédrale.

Après, dans un repas d'adieux, les notables de la ville lui firent promettre, d'envoyer de Paris un bouquet, fait de ses mains, et dont ils décoreraient la salle de conseil du corps municipal.

Le 15 août, il sortit de Moncorvo pour Freixo de Espada à Cinta, se dirigeant vers l'Espagne.

Les principaux habitants l'accompagnèrent pendant six lieues, et ne le quittèrent qu'avec *grandes protestations d'estime* et d'amitié.

Quelques jours après son départ de Moncorvo, le journal *la Nacion*, de Lisbonne (*samedi 24 août 1850, n° 874*), publiait l'article suivant, répété par un grand nombre de journaux du Portugal :

« On écrit de Moncorvo, le 17 août :

» Le 12 du courant, est arrivé dans cette ville, lieu de sa naissance, notre illustre compatriote, le fameux artiste en fleurs artificielles, Constantin-Joseph Marquès, accompagné d'un secrétaire et d'un domestique.

» Quoique parti de Moncorvo il y a vingt-huit ans, les souvenirs de son enfance n'étaient pas éteints chez lui.

» Ayant quitté Paris dans la seule intention de revoir le lieu de sa naissance, il a vu avec un vif intérêt la demeure de ses pères.

» Montrant la plus grande reconnaissance pour toutes les personnes dont il se rappelait quelques bontés, sa joie était si grande de revoir Moncorvo, que les choses les plus ordinaires, les productions les plus insignifiantes, la cuisine la plus vulgaire, lui paraissaient supérieures à tout ce qu'il avait vu à Paris et à Londres.

» Constantin appartient à une des plus illustres familles du Portugal.

» Comme il pouvait se faire qu'à son arrivée ses parents ne se trouvassent pas en ville, il descendit chez la vicomtesse de Banhos, pour laquelle il avait une lettre de son beau-frère, le vicomte de Moncorvo, ambassadeur de Portugal à Londres.

» A son immense talent d'artiste, Constantin unit les plus solides vertus sociales et chrétiennes.

» Affable dans ses rapports, reconnaissant du moindre service, il est charitable au plus haut degré.

» Pendant son séjour dans cette ville, il n'est pas de misère qu'il n'ait secourue avec la magnificence d'un prince, de disgrâces qu'il n'ait consolées.

» Après avoir comblé de bienfaits des centaines de malheureux, il a laissé douze livres sterling pour être distribuées à ceux qu'il pouvait avoir oubliés.

» Cette ville apprécie fort bien de quel honneur est pour elle la célébrité de celui auquel elle a donné naissance.

» Mais elle peut dire aussi, sans crainte, que jamais un particulier n'a reçu les distinctions dont Constantin a été l'objet de la part de ses compatriotes.

» Le conseil municipal fut le complimenter en corps, et lui présenter une lettre officielle, dans laquelle il est prié de ne jamais abandonner sa nationalité.

» Toutes les autorités, tous les habitants, suivirent l'exemple des conseillers municipaux, et contribuèrent à rendre agréable le séjour de Constantin à Moncorvo.

» L'artiste a promis d'envoyer de Paris un bouquet entièrement fait de ses mains, au conseil municipal, comme preuve de son affection pour sa terre natale ;

» Qu'il ne quitterait jamais sa qualité de Portugais, et que, malgré les honneurs et les grands avantages que bien des fois on lui avait offerts à la condition de se naturaliser Français, il ne cesserait jamais d'appartenir à son pays, et que l'accueil qu'il venait de recevoir était un motif de plus pour persister dans cette résolution.

» Le 15, Constantin est parti pour Freixo de Espada à Cinta, se dirigeant vers l'Espagne, et de là à Paris, où il doit être sans aucun retard le 31 courant.

» Il laisse ici des souvenirs précieux de son passage. »

Passant par Begodine, Salamanque, etc., Constantin atteignit Madrid.

Le lendemain de son arrivée, à 9 heures du soir (selon la coutume), il était admis au palais, et reçu par la reine, avec une affabilité et une bienveillance très-grandes.

Il offrit un bouquet dont la perfection fit jeter un cri de surprise à Sa Majesté, qui lui offrit gracieusement sa main à baiser.

Présenté au roi et à la reine mère, il se retira plein de reconnaissance pour les égards et la distinction que Leurs Majestés avaient bien voulu lui accorder.

Pendant son séjour, ce ne furent que réceptions, que fêtes.

Admis dans le monde le plus aristocratique, Constantin eut l'occasion de voir la comtesse de Téba, maintenant impératrice des Français, sa mère, la comtesse de Montijo, duchesse de Penaranda, et sa sœur, Madame la duchesse d'Albe, à leur château de Caramanchel, à une lieue de Madrid.

Au bout de dix jours, Constantin reprit la route de France, traversant le nord de l'Espagne, et passant par Bayonne,

Il arriva à Paris le 4 septembre.

TROISIÈME PARTIE.

Aussitôt arrivé, Constantin commença les immenses et fameux travaux de l'exposition de Londres, qui lui ont valu la grande médaille.

Sept mois y furent consacrés.

Abandonnant tout travail du dehors, il employa tout son personnel, composé de soixante-deux personnes, à exécuter uniquement les merveilles qu'il composait et qui ont été admirées du monde entier.

L'exposition de Londres lui a coûté près de 120,000 fr., dont le compte suit :

Main-d'œuvre : — 62 personnes, à 3 fr., en moyenne, par jour (nourriture et appointements), pendant sept mois. . . . . . 39,060 fr.

Batistes. 5,000

Nuances et apprêts de toute espèce 5,000

Frais et essais 5,950

Modèles naturels 2,600

Caisses pour emballer 1,500

Loyer à Londres, 300 fr. par semaine, pendant six mois. 7,200

A reporter . . . . . 64,310 fr.

Report.	64,310 fr.
Personnel, 11 personnes à 10 fr. par jour (nourriture et appointements).	20,000
Voyages, aller et retour, 11 personnes.	2,225
Grande vitrine de l'exposition, compartiments, glaces, velours, etc. (sans les fleurs, bien entendu)	12,000
Deuxième vitrine de fleurs de commerce et ce qu'elle contenait	15,000
Frais de M. Constantin pour lui-même.	3,700
	119,235 fr.

Parti de Paris pour Londres, le 25 avril 1851, Constantin avait installé complétement son exposition (le premier de tous les exposants français) dans le Palais de Cristal.

Le plus beau de tous les triomphes devait récompenser ses efforts, et le génie qu'il avait apporté dans la conception et la direction de toutes ces divines choses, que le jury de l'exposition universelle n'a pu examiner sans déclarer que celui qui en était l'auteur méritait le grand prix, et d'être proclamé le premier de tous les fleuristes.

Tant que le Palais de Cristal fut ouvert, la foule ne cessa de venir admirer l'exposition de Constantin.

On épuisa toutes les louanges ; tous les journaux anglais et français proclamèrent son immense talent.

Décrire l'enthousiasme même des exposants, il faut y renoncer.

C'était un tribut consciencieusement adressé au résultat de vingt années de travaux et du sacrifice d'une fortune dépensée pour placer la France au-dessus des autres nations.

Le but fut atteint, car le grand prix fut accordé à la France.

Quelques incidents particuliers et précieux à cause des personnes qui y donnèrent lieu purent flatter à juste titre l'amour-propre de Constantin.

La duchesse d'Orléans visitait le Palais de Cristal, accompagnée de M. Thiers et d'autres ministres du roi Louis-Philippe.

Elle s'arrêta longtemps à examiner la magnifique exposition de Constantin, qu'elle connaissait du reste depuis longtemps.

Elle admira toutes ces belles fleurs si vraies, et dit après l'avoir hautement complimenté :

« J'espère, monsieur Constantin, que la France reconnaîtra dignement votre grand talent et les sacrifices immenses que vous avez faits pour la représenter si dignement ici. »

Le lendemain, la reine Marie-Amélie félicitait aussi l'artiste qu'elle avait protégé à Paris.

La reine d'Angleterre, accompagnée du prince Albert, du roi et de la reine des Belges, du prince royal et de la princesse de Prusse, des duchesses de Kent et de Cambridge et du duc de Wellington, etc., désirant exprimer sa haute satisfaction à Constantin, s'avança seule vers lui, laissant sa suite à quelques pas, et lui dit :

« Depuis plusieurs jours, je désire vous parler. Je vous connais depuis longtemps de réputation.

» Je voulais vous dire devant tous combien j'admire votre talent, et combien j'ai de plaisir à regarder vos magnifiques travaux.

» C'est, à mon avis, ce qu'il y a de plus beau dans cette exposition. Le diamant est rarement sans défauts, vos fleurs seules n'en ont pas. »

Constantin, ayant remercié Sa Majesté, demanda la permission d'ouvrir sa serre et d'en faire les honneurs.

La reine monta les degrés de la serre et dit en désignant un rosier : « Oh! que ces roses sont belles! Elles ont le glacis, le froid de la nature. »

Constantin n'avait pas d'abord vu que la reine avait à la main un petit bouquet de roses mousseuses naturelles.

Son œil d'artiste chercha de suite et découvrit avec joie que leur nuance et celle de ses roses étaient parfaitement les mêmes.

La reine admira les aristoloches, les passiflores, les queues-de-renard, les soleils et autres fleurs qui composaient la serre, et se retira, félicitant Constantin, que sa suite et la foule applaudirent.

Deux jours après, Constantin se trouvait seul, dans la galerie de l'exposition portugaise.

La reine Victoria, le prince Albert, le prince et la princesse de Prusse et la suite, visitaient l'exposition espagnole, dont la limite était le commencement de la galerie portugaise.

Constantin, se croyant seul, avait tiré son habit, et s'était mis à changer la disposition de la galerie.

La reine l'observait.

Quand son travail fut terminé, entendant des pas, il s'avança vers l'extrémité du département, et apercevant la reine, il la salua ; puis s'approchant, il dit :

« Votre Majesté est étonnée de me voir ici.

» Je serais heureux de lui montrer l'exposition de mes chers compatriotes. Quoique habitant depuis dix-huit ans la France, j'aime mon pays, et mon cœur est toujours resté portugais. »

La reine avait consenti, et il avait déjà fait voir une grande partie des produits, lorsque arriva M. Contine, que cela regardait officiellement.

Il prit congé de la reine, qui le remercia avec une grande bienveillance.

C'est à Constantin que le Portugal doit une partie de l'éclat de son exposition.

Au mois de février 1851, M. le comte de Thomar, premier ministre, lui envoya une dépêche, par l'entremise de M. le baron Païva, ministre à Paris, le priant de concourir à l'exposition portugaise.

Habitant la France depuis longtemps, il hésitait.

Enfin, cédant à ses souvenirs d'enfance, il accepta par une lettre que tous les journaux de Lisbonne et des provinces publièrent.

Mais le temps manquait.

Il fallait que les fleurs fussent envoyées en Portugal, et de là, à Londres.

Cette condition était indispensable.

Constantin consulta M. Païva une première fois ; le ministre ne put rien conseiller, lui promettant qu'il ferait des démarches pour abréger les formalités.

Une deuxième fois, devant M. le chevalier Dantas, premier secrétaire de l'ambassade; M. Mousynho da Sylveira, vice-consul portugais, et Franco, huissier de l'ambassade, M. Païva dit à Constantin que, malgré ses démarches, il n'avait rien pu obtenir, et qu'il le laissait à ses inspirations.

Constantin se retira.

Quelques jours auparavant, la ville de Paris lui avait demandé combien il enverrait de colis à Londres.

Dix était le nombre convenu.

Il était impossible de l'augmenter, et il fallait pourtant emballer les fleurs de l'exposition portugaise, qui n'étaient pas encore seulement commencées.

Six semaines restaient à peine.

Un décret de la commission royale portait qu'un ouvrier étranger à une nation ne pouvait travailler à son exposition.

Aucun obstacle n'arrêta Constantin.

Il parle à ses ouvrières, sous le sceau du secret; fait une augmentation à chacune, proportionnelle à ses appointements, et leur dit :

« Il me faut encore de nouvelles fleurs; il faut les faire; je vous augmente, mais le travail doit doubler. On veillera la nuit. »

Cinq semaines après, toutes les fleurs et la vitrine qui devait les contenir étaient prêtes.

Mais la plus grande difficulté n'était pas vaincue. Comment faire parvenir les fleurs à Londres?

Constantin fit établir huit caisses énormes, qui contenaient toute l'exposition française, et emballa dans deux autres caisses plus petites l'exposition portugaise.

Le nombre dix n'était pas dépassé.

C'est ainsi que le tout arriva à Londres.

Une fois dans le Palais de Cristal, Constantin, à force de ruses, transporta du département français dans celui portugais les fleurs et vitrine.

En regardant un châtaignier, qui était la pièce principale de la serre portugaise, M. Van-Zeler, consul général portugais, peu expert en matière d'art, dit : « Oh ! que cette plante est affreuse ! »

Constantin lui répondit :

« Voulez-vous choisir dans l'exposition de France cinq plantes quelles qu'elles soient ? je vous les échange contre celle-ci. »

Le consul vit alors dans quelle erreur il était tombé, et pria l'artiste de laisser les choses comme elles étaient.

L'exposition portugaise manquait de soins, d'arrangement. Tout était pêle-mêle; aucune intelligence n'avait présidé à sa composition, et pourtant l'argent n'avait pas été épargné.

Le comte de Thomar, qui venait de quitter le ministère, et était venu à Londres, rencontrant Constantin dans le Palais de Cristal, lui dit :

« Notre exposition est bien laide, mon cher Constantin. Quoique je ne sois plus au pouvoir, je vous prie, au nom du gouvernement portugais, et malgré le consul, qui trouve tout parfaitement établi, de changer toutes les dispositions qui existent. Je vous donne carte blanche. »

Constantin y consentit, et employa huit jours de son temps et près de mille francs de son argent.

Le changement fut si complet, que la reine d'Angleterre, visitant une seconde fois le département portugais, demanda si de nouveaux produits n'étaient pas arrivés de Portugal.

Les salons de Constantin dans Regent street étaient le rendez-vous de toute la noblesse européenne.

La reine, le prince Albert, la duchesse de Kent, la duchesse de Cambridge, le prince et la princesse de Prusse, la duchesse de Sunderland, etc., allèrent maintes fois acheter les ravissantes nouveautés que l'artiste invente et exécute avec un si grand talent.

La duchesse de Parme, sœur de **M.** le comte de Chambord, y fut aussi.

Constantin, qui ne la connaissait pas, lui ayant exprimé son étonnement de l'entendre parler français avec une perfection infinie :

« Je suis Française, répondit-elle, mais j'habite l'Italie. Mon plus grand bonheur est de parler la langue de ma patrie. »

Enfin, le jour de la récompense arriva.

Le jury de l'exposition universelle décerna la grande médaille des fleurs artificielles à Constantin.

Il consacrait par cette si haute distinction une supériorité si grande et incontestable.

Il proclamait une deuxième fois, mais officiellement, et par acte valable devant le monde, que Constantin était le roi des fleuristes, le maître à tous.

Victoire, que ses sacrifices, ses efforts et son intelligence torturée par le travail avaient bien méritée.

Deux nations ont participé à la gloire de Constantin :

La France, sa patrie adoptive; le Portugal, son pays natal.

Constantin avait apporté une telle perfection dans ses travaux, que le jury cassa certains arbustes pour s'assurer que, véritablement, ils étaient artificiels, et que la nature n'était pour rien dans leur confection.

Constantin revint de Londres au mois d'octobre.

Il reçut sa grande médaille des mains du Président de la République, dans la salle du Cirque des Champs-Élysées.

Pour récompenser ses ouvrières, et en commémoration de la part qu'elles avaient prise à l'exposition portugaise, il donna un bal à son retour, au nom du Portugal, bal magnifique et dont chacun garde le souvenir.

Son intention était de le placer sous le patronage du ministre de Portugal, de madame la baronne de Païva, du vice-consul et de madame Mousinho da Sylveira.

Mais ces fonctionnaires, on ne sait pourquoi, refusèrent ce patronage.

Cependant, accompagné de M. le chevalier Dantas, M. de Païva parut au bal.

Le plus grand hommage que le talent de Constantin ait reçu est la demande que le corps entier des fleuristes de la ville de Paris a faite à S. A. I. le Prince Président de la République.

Mettant de côté toute rivalité, et avouant (la chose est rare et d'autant plus méritoire) une supériorité que, d'ailleurs, la voix publique consacrait hautement, les fleuristes de la capitale voûlaient que le corps entier soit honoré par la récompense méritée, accordée à celui qui était à sa tête et par son mérite et par ses succès.

Cette lettre est trop flatteuse pour celui qui en est l'objet, et pour ceux qui l'ont signée, pour l'omettre dans ce récit.

A Monseigneur le Prince Président de la République.

« Monseigneur,

» Confiants dans la haute protection que vous accordez aux arts et à l'industrie, les soussignés, fabricants de fleurs, viennent solliciter de votre bienveillante équité la décoration de la Légion d'honneur pour leur collègue, M. Constantin, à la fois artiste éminent, et chef d'une fabrique très-importante, qui a obtenu à Londres la grande médaille.

» Il y a dix-huit ans que M. Constantin a fondé à Paris une fabrique de fleurs artificielles.

» A cette époque, la fabrication des fleurs ne s'élevait pas au-dessus de trois millions de francs par année ; elle dépasse aujourd'hui le chiffre de quatorze millions.

» Les soussignés proclament loyalement la part considérable que M. Constantin a prise à cette augmentation, en se rendant l'organe de leur industrie.

» C'est en se montrant artiste plein de dévouement et de foi que M. Constantin est devenu industriel heureux, qu'il a produit les chefs-d'œuvre qui l'ont rendu digne de la grande médaille :

» En forçant le vote du jury international à se porter sur lui pour cette distinction, M. Constantin n'a pas seulement illustré notre industrie, il a encore rendu à la France un service important.

» L'Angleterre avait au Palais de Cristal une magnifique exposition de fleurs artificielles.

» Sans M. Constantin, c'est elle qui aurait eu la grande médaille.

» Cette proclamation officielle de la victoire de l'Angleterre n'aurait-elle pas donné une nouvelle direction aux pays étrangers et enlevé à la France une branche d'exportation considérable, qui occupe à Paris plus de dix mille ouvriers et ouvrières?

» La grande médaille de M. Constantin a au contraire maintenu à la France, en lui promettant encore de nouveaux développements, l'exploitation à l'étranger de cette industrie, qui apporte une augmentation si notable au mouvement général de son commerce.

» M. Constantin avait précédemment obtenu aux expositions françaises les récompenses les plus élevées qui eussent été accordées à l'industrie des fleurs.

» Jusqu'alors cette industrie n'avait pas été admise au premier rang.

» M. Constantin l'y a portée dans le concours solennel de l'Exposition universelle.

» Ce sont les jurés de tous les pays, dans toutes les sciences et dans tous les arts, qui, appréciant les difficultés vaincues, voyant les résultats obtenus, admirant la délicatesse, la pureté, la beauté merveilleuses des fleurs de M. Constantin, ont proclamé l'industrie qui fait de telles choses, une grande industrie, et lui ont décerné la grande médaille.

» Les soussignés osent vous demander, Monseigneur, qu'un produit français qui a été déclaré, à l'exposition universelle, digne de la première récompense, si rigoureusement disputée, si parcimonieusement accordée à la France, soit reconnu digne de la plus haute récompense créée par le génie français pour honorer le mérite.

» Ils ont l'honneur d'être, avec le plus profond respect,

» De Votre Altesse Impériale,

» Les très-humbles, très-obéissants et très-fidèles serviteurs. »

La présente demande est signée par les cent principaux fleuristes de Paris, entre autres par MM. Marienval, Chagot, Flamet.

Les exemples de piété et d'amour de la religion que les demoiselles de la maison Constantin ont donnés sont nombreux.

Plusieurs d'entre elles appartiennent maintenant à différents couvents.

Entre autres, Mesdemoiselles :

Caroline Brianchon, au couvent de Picpus, Adoration perpétuelle.

Pauline, à Boulogne, au couvent des Carmélites.

Caliste, au couvent de Sainte-Claire, à Amiens.

Clara Vigneuse, religieuse de Saint-Vincent-de-Paul, en Chine.

Félicie, religieuse à l'Hôtel-Dieu, sœur de charité, et d'autres encore.

Une demoiselle anglaise, fille du général Mac-Donald, élève de

Constantin, venue dans sa maison avec la profession protestante, a embrassé la religion catholique.

Monseigneur l'archevêque de Paris, qui honore Constantin de sa bienveillance et qui a visité sa maison, l'a félicité hautement des résultats que son exemple et sa bonne direction avaient obtenus.

.   .   .   .

.   .   .   .

.   .   .   .

Après vingt années d'un travail sans relâche, Constantin se retire et rentre dans la vie privée, après avoir reçu de tous les souverains des marques de leur auguste bienveillance.

Tous les princes ont montré à l'artiste, fournisseur de toutes les cours de l'Europe, combien son talent leur était sympathique.

Croix, cadeaux, rien ne lui a manqué.

La carrière a été laborieuse; il l'a couronnée dignement. Une messe d'actions de grâces, par laquelle Constantin a voulu remercier Dieu de l'avoir guidé, soutenu, et de lui avoir permis, après tant d'années, de retrouver, pour combler son bonheur, sa famille perdue, a été dite, le 30 juin 1854, à l'église de la Madeleine.

Un discours, plein d'une religieuse et puissante éloquence, a été prononcé par M. le curé Deguerry.

Ce discours, dans lequel il a retracé, avec un talent remarquable, la vie, les qualités de Constantin, et dans lequel il a appliqué et développé quelques passages de l'Écriture sainte, a été écouté avec émotion par tout le personnel de la maison et par un nombreux public, que la solennité avait attiré.

Tous ceux qui ont connu Constantin, tous ceux qu'il a obligés, et le nombre en est grand (il est depuis vingt ans la providence des malheureux), remercieront aussi le ciel d'avoir récompensé celui qui est l'ami de ceux qui ne sont pas dans le besoin, et le soutien des nécessiteux.

FIN.

TABLE DES MATIÈRES

TABLE

DES MATIÈRES CONTENUES DANS CE VOLUME.

9 782014 084849